Michele Longo O'Donnell

Der Himmel in Dir

Nach dem amerikanischen Originaltitel

Von Affen und Drachen
Befreiung aus der Tyrannei der Krankheit

Amerikanische Erstausgabe 2000
Zweite Ausgabe 2002

Übersetzung aus dem Amerikanischen
Von Dorothée Fröller und Heike Herrmann

Rechte für die deutsche Ausgabe bei RiWei-Verlag GmbH

Umschlaggestaltung: Monika Wirth
Satz / Umbruch: Meike Scholtes
Druck und Bindung: RiWei-Verlags Druckerei

1. Auflage 08.2007
2. Auflage 11.2009
3. Auflage 01.2010
4. Auflage 02.2011
5. Auflage 03.2013

RiWei-Verlag GmbH
Baierner Weg 4
93138 Hainsacker
Tel. 0941/ 799 45 70
Fax: 0941/ 799 45 72
Email: info@riwei-verlag.de
Homepage: www.riwei-verlag.de

ISBN 978-3-89758-308-5

An Peggy und Ray
und an alle, die unter den verheerenden
Auswirkungen der Krankheit gelitten haben.
Mögen wir alle zu der Erkenntnis
kommen, wie sinnlos sie ist.

Was ich dir in dieser Vision sage, das schreibe in deutlicher Schrift auf Tafeln, sodass es jeder, der vorbeikommt, leicht und schnell im Vorbeieilen lesen kann.

Denn die Vision gilt für eine verabredete Zeit und sie eilt ihrer Erfüllung entgegen: sie wird weder trügen noch enttäuschen.

Warte ernsthaft darauf, denn sie wird sich am verabredeten Tage nicht verspäten.

HABAKKUK

Worte des Dankes

An Linda und Lara – sie sind das Beste, was mir im Leben passiert ist und der beste Grund, warum ich immer vorwärts ging.

An George – den freundlichsten und nettesten Mann, den es jemals gegeben hat. Danke für deine Geduld und deine Unterstützung.

An Carol und Julene – danke für eure Ermutigungen und den ansteckenden Enthusiasmus.

An Nancy – meine Mentorin, meine Lehrerin und meine Freundin. Danke, dass du all die Jahre so geduldig warst und zu mir gestanden hast. Danke für deinen Glauben an deine Bestimmung und deinen Glauben an mich.

An Melissa – meine teuerste Freundin, ohne die dieses Buch nie zustande gekommen wäre. Danke dafür, dass du meine Aufgaben in der Klinik übernommen hast, um mir den Freiraum zu geben, dieses Buch schreiben zu können. Danke für dein Herz aus Gold, für deine Liebe für die Arbeit, deine Liebe zu den Patienten und deine Liebe zu mir.

Brief an den Leser

Es ist nun achtzehn Monate her, seit dieses Buch erschienen ist und nachdem mir hunderte von Lesern geschrieben haben, hielt ich es für sinnvoll, der zweiten Ausgabe diesen Nachtrag beizufügen.

Nach seiner ersten Ausgabe haben wir dieses Buch für die Leute, die sich in der spanischen Sprache zu Hause fühlen, auf Spanisch übersetzen lassen. Ich hatte die Möglichkeit, von einigen meiner Patienten aus Mexiko sowie aus allen südlicheren Ländern zu hören und sie sind uns für unseren Aufwand, das Buch in ihre Muttersprache übersetzt zu haben, aufrichtig dankbar. Diejenigen, die sich, aus welchem Grund auch immer, das Buch lieber anhören möchten, können dieses auch als von mir vorgelesenes Hörbuch auf CD erhalten.

Ein weiterer Zusatz zu der Originalausgabe sind meine wöchentlichen Radiosendungen aus San Antonio, Texas, mit dem Titel „Leben jenseits der Krankheit“. Von diesen Sendungen haben wir eine große Anzahl von Lehrkassetten entwickelt, die sich als extrem wertvoll erwiesen haben, unseren Lesern diese Grundprinzipien betreffs Gesundheit und Leben einzuprägen. Bitte sehen Sie sich die verfügbaren Kassetten auf unsere Webseite an. (www.micheleodonnell.com)

Ich bin durch das ganze Land gereist, um zu den „hungrigen und dürstenden Seelen“ zu sprechen und mit ihnen diese Wahrheiten zu teilen. Ich bin mit solch einem Schwall von Aufrichtigkeit gesegnet worden; es ist unbeschreiblich. Jedoch kamen die wundervollsten Erfahrungen der letzten Jahre von denjenigen, die mir geschrieben oder mich angerufen haben, um über ihre Heilungen zu berichten, die sie empfangen haben, nachdem sie dieses Buch gelesen, einen der Vorträge besucht oder die Kassetten angehört hatten. Es gibt wahrhaftig einen Strom des Lebens, der mit Heilung in seinen Wassern um uns und durch uns fließt, der für alle verfügbar ist, die ihn erfahren möchten.

Es ist ein ‚spiritueller Fluss göttlichen Lebens’ und in Momenten der Stille können wir hören, wie er uns ruft und sagt: „Wer auch immer möchte, der komme.“ „Wen auch immer dürstet, der trinke.“

Die Zeiten, in denen wir glaubten, dass wir uns eine solche Erfahrung verdienen oder uns nach einem von Menschen gemachten Status „qualifizieren“ müssten, sind vorbei. Die Zeiten, als Gott so weit außerhalb unserer Reichweite war und wir uns verloren, alleine und im Stich gelassen fühlten, sind vorbei. Noch nie war der Geist Gottes den Herzen der Menschen so nah wie heute. Während wir die Bemühungen der Geistlichen, Doktoren und der verschiedenen Heiler, die uns zur Verfügung stehen, schätzen, geht es hier um Sie und Ihren Schöpfer, um Sie und das Herz und den Geist der ewigen Liebe. Er ist so nah wie der Atem, den Sie atmen.

Sie gehen und unterhalten sich, leben, lieben und lachen innerhalb der Substanz dieses Unendlichen und Heiligen Lebens. Es enthält alles, was Sie jetzt brauchen und alles, was Sie sich vorstellen können, jemals zu brauchen. Es wird Ihr Lehrer, Führer und Freund sein. Es wird Ihnen das Gesicht Gottes in allem zeigen, was Sie ansehen. Es wird Ihr Herz und Ihre Emotionen reinigen und *sie lehren zu lieben*, wenn Sie den schlimmsten Umständen von Beleidigung und Aufdringlichkeit gegenüberstehen. Es wird Sie korrigieren und Ihnen den Ausweg aus jeder Situation zeigen.

Es ist meine größte Freude, wenn Ihr Leben wiederhergestellt und vollständig gemacht wird. Wenn der Schleier dieser gewundenen und zerstreuten Welt mit ihren religiösen Ansichten und Glaubensformen von Ihnen genommen wird, werden Sie in den Glanz Ihres „ersten Zustandes" eintreten, der die unendliche und gegenwärtige Vollkommenheit des Bildes Gottes, die Ganzheit und Heiligkeit des ‚göttlichen Lebens' ist. Alles wird dann erscheinen. „Die Erde gehört dem Herrn in ihrer ganzen Fülle und mit allem, was auf ihr lebt." Sie sind tief gehalten in dem Geist, der Gott ist, „die Werke wurden bereits vor der Erschaffung der Welt abgeschlossen."

Sie werden das finden, wonach Sie suchen. Sie haben es bereits immer schon besessen. Lassen Sie sich von nichts, was Sie sehen, irgendetwas anderes erzählen und von nichts, was Sie hören, irgendetwas anderes erzählen!

Meine Liebe an alle ehrlichen Sucher,

Michele Longo O'Donnell

INHALTSVERZEICHNIS

VORWORT

Mein lebenslanges Ziel ist es gewesen, einen Weg zu finden, der die Tragödie des Leidens, die durch Krankheit verursacht wird, zu beenden. Ich habe immer gefühlt, dass Krankheit ein *Störenfried* in unserem Leben war, niemals eine Notwendigkeit. Deshalb glaubte ich, dass es dafür eine Lösung geben müsse.

Zuerst war ich irgendwie zufrieden, mich um die *zu kümmern*, die krank sind, mich einfach mit den individuellen Krankheiten und Fällen zu beschäftigen, wie sie gerade auftauchten und eine Lösung für jeden zu finden: eine weitere Tablette, ein weiteres Programm. Aber wie die Jahre so fortschritten, verstand ich, dass es kein Ende hierfür gab. Neue Krankheiten, neue Namen, neue Beschreibungen und neue Symptome würden am Horizont der menschlichen Erfahrung auftauchen, in direkter Proportion zum Ausmaß der menschlichen Vorstellungskraft.

Wenn wir uns dies alles vorstellen können, dann können wir es auch erfahren. Frustriert verließ ich müden Fußes den Weg, von dem ich wusste, dass er nie enden würde. Ich begann, nach der Ursache des Ganzen zu suchen.

Als meine Reise weiterging, fand ich heraus, dass körperliche Leiden und Störungen dieselbe Ursache haben wie alle anderen menschlichen Schmerzen und Qualen, unabhängig von ihrer Erscheinungsform. Ich sah, dass all die gegenwärtigen Anstrengungen, das menschliche Leiden zu beenden, ein bisschen wie das Totschlagen von Fliegen ist, während man den Müllberg, der die Fliegen anzog, unbeachtet lässt. Die Sinnlosigkeit unserer Anstrengungen beim gegenwärtigen Stand der medizinischen und alternativen Behandlung ist immens groß.

Anstatt weiterer Millionen-Dollar-Maschinen, noch mehr chirurgischer Prozeduren und Medikamente mit noch mehr toxischen Nebenwirkungen, noch mehr Versicherungen, noch mehr alternativen Behandlungen, die wie Pilze aus dem Boden schießen usw., brauchen wir Antworten.

Diese Aufgabe war und ist äußerst schwierig. Und ich bin mir wie kein anderer bewusst, dass kein einzelnes menschliches Wesen solch eine Aufgabe allein lösen kann. Aber ich glaube an einen allgegenwärtigen Gott als die ‚göttliche Intelligenz', der das ganze Szenario in Ordnung bringt und der unentwegt mit uns kommuniziert, wenn wir nur lernen würden, ihn zu hören. Dies, so glaube ich, ist der einzige Ort, an dem wir jemals unsere Antworten finden werden.

Ich bin mir bewusst, dass der Inhalt des Buches beides auslösen wird: Freude und Kritik. Es ist unmöglich, solch ein delikates Thema zu erkunden, das mit so viel Emotionen angefüllt ist, ohne dass sich einige Menschen befreit fühlen, während wieder andere wütend werden. Es war nie meine Absicht, das Negative zu schüren, sondern mein Streben ist immer noch so stark, diejenigen, die leiden, von ihrer Sklaverei des *Glaubens* an die Krankheit zu befreien, dass ich gewillt bin, den Stürmen standzuhalten, um das Ziel zu erreichen.

Bitte bedenken Sie, während Sie dieses Buch lesen, dass ich mich auf meine eigene mentale, emotionale und spirituelle Reise beziehe. Meine tiefsten Gefühle und meine stärksten Wünsche sind in diesem Buch ausgebreitet. Die Geschichten, die ich mit Ihnen hier teile, sind wahre Geschichten. Sie sind entsprechend meiner persönlichen Reise zu einem spirituellen Verständnis des Themas „menschliches Leid" interpretiert.

Ich weiß, dass die Menschen aus zahlreichen individuellen Denk- und Glaubenssystemen stammen und ohne, dass ich versuchen wollte, die Integrität jedes Einzelnen zufrieden zu stellen, tat ich das Einzige, was mir übrig blieb, nämlich zu erzählen, was in meinem eigenen Leben geschah. Ich bete, dass meine Geschichte die Herzen derer erreichen wird, für die sie bestimmt ist. Also, sollten Sie während des Lesens zu einem Schlagloch kommen und das werden Sie wahrscheinlich, dann versuchen Sie einfach, darüber hinwegzugehen und weiter zu lesen. Am Ende, hoffe ich, wird sich alles für Sie *zusammenfügen*.

EINLEITUNG

Normalerweise entwickeln Autoren eine Einleitung, um zu erklären, warum sie qualifiziert sind, das vorliegende Material zu schreiben. Sie geben die Einzelheiten ihrer Fähigkeiten und Leistungen an, um dadurch ihren Worten Glaubwürdigkeit zu verleihen. Nachdem ich mir bezüglich solch einer Aufgabe viele Gedanken gemacht und innerlich mit mir gerungen habe, entschied ich mich stattdessen, Ihnen zu erzählen, warum ich dem menschlichen Maßstab entsprechend nicht qualifiziert bin zu wissen, was ich weiß oder zu verstehen, was ich verstehe und das zu tun, was ich getan habe.

Als ich siebzehn Jahre alt war, begann ich dank der Gnade Gottes und der Freundlichkeit einer katholischen Nonne, welche die Direktorin einer Krankenpflegeschule war, eine Ausbildung als Krankenschwester. Ich sage durch Gottes Gnade, da ich den Anforderungen für diese Ausbildung nicht entsprach, weil ich das Fach Chemie im Gymnasium nicht abgeschlossen hatte. Aber aus einem Grund jenseits meines Verstehens ließ sie mich trotzdem hineinrutschen. Deshalb und weil ich es liebte, das mir vorgelegte Material zu studieren und zu lernen, wurde ich zu einer außergewöhnlichen Schülerin. Es schien, als verstände ich die Dinge noch bevor sie mir beigebracht wurden. Ich hatte immer das Gefühl, früher bereits einmal auf diesem Weg gewesen zu sein. Es gab für mich keine neuen Informationen. Ich hätte schon fast sagen können, was auf der nächsten Seite des Lehrbuches stehen würde, bevor ich die Seite umgeblättert hatte. Folglich lagen meine Noten weit über dem Wert, der für ein vollständiges Stipendium erforderlich gewesen wäre, ohne welches ich niemals hätte weiter studieren können - ein weiteres Geschenk dieser wertvollen Nonne. Dies war der Anfang eines ganzen Lebens voller unverdienter, unverhoffter, unerwarteter und unglaublicher Ereignisse und Fertigkeiten, eingewoben in jede Geschichte, jedes Ereignis und jedes Kapitel, dazu dienend, mich zu Erkenntnissen zu führen, die ich mir nicht im geringsten hätte vorstellen können.

Ich war in keiner Weise qualifiziert etwas zu wissen oder zu tun.

Doch ich war wissend und aktiv tätig.

Vor fünfundzwanzig Jahren, als ich die Medizin verlassen und drei Jahre in einem theologischen Ausbildungszentrum verbracht hatte, begann ich, das erste ‚alternative Gesundheitszentrum für Stoffwechselerkrankungen' der Vereinigten Staaten zu gründen. Ich wusste nichts über alternative Heilmethoden. Ich lernte, indem ich es tat. Bevor ich ein Gespräch mit einem Patienten hatte, ging ich in mein Büro, schloss meine Augen und betete, damit mir gezeigt würde, was ihm fehlte und was ich zu tun hatte, um ihn zu heilen. Von Anfang an war ich Zeugin vieler Wunderheilungen von Krankheiten und Konflikten, die die traditionelle Medizin nicht einmal berührte. Keiner war über die sofortigen Ergebnisse, die sich täglich ereigneten, so überrascht, wie ich selbst. Tief in mir wusste ich, dass immer dann die Antwort kommen würde, wenn ich alles übergab, was ich zu wissen glaubte, um Verstehen bat und einfach wartete. So war es immer. Keiner war ‚unqualifizierter' als ich, um das, was getan wurde, zu tun.

Als es sich herumsprach, dass Heilungen stattfanden, begann der Druck der schulmedizinischen Einrichtungen rund um mich zu explodieren. Während mehrerer Jahre kam es immer wieder zu juristischen Schreiben, Anhörungen und Gerichtsprozessen, begleitet von Demütigungen und Beschuldigungen. Trotzdem ging es mit den Heilungen weiter, da ich mein Bestes tat, mich weiterhin auf die Aufgabe, die sich mir stellte, zu konzentrieren. Während andere alternative Zentren geschlossen wurden und deren Praktizierende gezwungen wurden, ihren Pfad zu verlassen, fand ich Geborgenheit, Sicherheit und Erfolg, indem ich zwei wesentliche Philosophien annahm. Eine davon war, mir nie den Luxus eines Kampfgeistes zu erlauben. Er, der mich auf diesen Pfad gesetzt hat, Er, der so zuverlässig all diejenigen heilte, die Er gesandt hatte, würde sich mit Sicherheit um alles kümmern, was versuchte, sein Vorhaben zu blockieren. Die zweite Philosophie war, meine Augen nicht von meiner Arbeit zu nehmen und niemals nach rechts oder links zu schauen.

Niemals die Macht irgendetwas oder irgendjemandem außer Gott zu geben, niemals aus Angst oder Wut zu reagieren, war mein Ziel. Bald hörten all die zerstörerischen Aktivitäten auf und ich befand mich Jahre später in der Position, gerade den Menschen zu helfen, die vor Jahren darauf bestanden hatten, meine Klinik zu schließen.

Die Heilungen des Stoffwechsels, die spirituellen Heilungen, der juristische Schutz, all das geschah ohne mein Zutun. Dass ich mich auf solch einem ungewöhnlichen Weg befand, geschah ebenfalls ohne mein Zutun. Ich war privilegiert, dort zu sein, als all dies geschah, aber nur Verrückte würden glauben, dass ich der persönliche Verursacher solcher Fertigkeiten sei. Ich bin kein Meister, kein Guru und kein Führer. Ich bin ein ganz normaler Schüler des Lebens 101, so wie wir alle es sind.

Meine unqualifizierte Position, gepaart mit den phänomenalen Ergebnissen der letzten fünfunddreißig Jahre, beweist genau das, worauf ich in diesem Buch Bezug nehmen will: einfach, dass jeder von uns ein individuelles, selbständiges Wesen ist. Wir sind vollkommen, so wie wir hier stehen. In uns fehlt absolut nichts. In uns wohnt alles, was notwendig ist oder was je für unsere vollkommene Erfüllung in diesem Leben notwendig sein wird. In uns liegt die Kraft, alles zu erreichen, was wir wünschen und alles, was uns stört zu heilen. Wenn wir beginnen, mit unseren Qualifikationen Werbung zu machen, werden wir unweigerlich versagen. Aber wenn wir anfangen zu erkennen, dass wir, obwohl wir den Erwartungen unserer Gesellschaft entsprechend unqualifiziert erscheinen, in unserem Inneren vollständig und vollkommen sind, wenn wir darum wissen und dem vertrauen, dann können wir nicht versagen.

Die Menschen möchten einen Helden, jemanden, dem sie folgen können, eine Person außerhalb ihres Selbst, an die sie sich wenden und zu der sie aufschauen können. Sie folgen Gurus, spirituellen Meistern, erfolgreichen Kirchengemeinden, all jenen, die behaupten, sie stünden über oder jenseits der Massen, allen, von denen sie meinen, sie seien bereits dort, wo sie selbst noch nicht sind.

Aber wo sind die Männer und Frauen, die sich in ruhiger Würde von alledem abwenden, die die Geheimnisse gefunden haben, die in der Stille ihrer eigenen Seele eingeschlossen sind? Wo sind sie, die gelernt haben zuzuhören, zu hören, zu vertrauen und zu wissen, dass die Weisheit Gottes in ihnen wohnt? Wo sind diejenigen, die herausgefunden haben, dass diese Weisheit wirklich zu ihnen spricht? Sie wird sie wirklich leiten. Sie wird ihnen den Weg zeigen. Sie wird für sie sorgen.

Mögen die Seiten dieses Buches dazu dienen, Ihnen mich, meine Arbeit und vor allem all das, was ich auf dem Weg in die Befreiung aus der Tyrannei und Sklaverei der Krankheit bezeugen und verstehen durfte, vorzustellen.

KAPITEL EINS

DAS ‚LEBENSPRINZIP'

Es gibt ein feststehendes Prinzip auf dieser Erde, welches, auf Heilung angewandt, mit Sicherheit Heilung bewirkt: Heilung des Geistes und Heilung des Körpers, Heilung aller Lebensphasen, unabhängig davon, wie ernst die Situation erscheinen mag.

Es geht um dieses in all die Seiten dieses Buches eingewobene Prinzip, welches ich denen, die in ihrem Leben leiden, mitteilen möchte.

Dieses Buch bespricht das ‚Lebensprinzip', das dann heilt, wenn es gründlich verstanden wird und wenn Sie ihm mit Verlangen und Demut begegnen. Es wird Körper, Geist, Seele, Beziehungen, Finanzen und Ihr Leben heilen. Sie werden herausfinden, dass Sie selbst die Fähigkeit zur Verfügung haben, jetzt im Moment zu heilen, was immer Ihr Leben stören mag, egal wer Sie sind, egal wo Sie sich befinden. Sie werden entdecken, dass für Sie schon immer ein Leben in vollkommenem Frieden und vollkommener Harmonie, frei von Schmerz, frei von Krankheit und frei von Traurigkeit vorgesehen war. Sie werden herausfinden, dass Sie für die nächste Welle sich selbst manifestierender Krankheit anfällig bleiben, wenn Sie im Außen nach jemandem oder etwas suchen, das Ihnen Heilung verspricht, auch wenn es das akute Problem zu lindern vermag. Wir nennen dies „Sofortheilung" im Gegensatz zur „langfristigen Heilung". Hier wollen wir uns mit der langfristigen Heilung befassen. Sie werden herausfinden, dass das Verständnis dieses Prinzips einfach, kostenlos und jederzeit verfügbar ist.

Das Alte leeren, um sich auf das Neue vorzubereiten

Das Gesetz der Physik lehrt uns, dass es nicht möglich ist, etwas in einen Raum zu geben, der bereits voll ist. Jesus sagte, wir können keinen neuen Wein in alte Fässer füllen.

Der gesunde Menschenverstand sagt uns, auch wenn wir noch nicht durch die Physik oder die Bibel davon gehört haben, dass dies stimmig ist.

In der Klinik nutzen wir dieses Verständnis seit 25 Jahren, um damit erfolgreich zu heilen.

Wir können z. B. keine Nahrung in Zellen geben, die voller Giftstoffe sind. Zuerst müssen wir den Abfall und die Gifte herausnehmen, dann erst können wir die Zellen mit all dem Guten versorgen, das sie brauchen, um zu leben, zu funktionieren und sich wieder aufzufüllen. Das Prinzip bleibt das gleiche, ob es sich um Zellen des Gehirns, des Blutes, der Leber, der Muskeln etc. handelt.

Ebenso können wir keine neuen Gedanken in einen Geist einbringen, der mit alten Anhaftungen gefüllt ist. Dies gilt besonders, wenn er an einem Gedanken festhält, der die Zerstörung verursacht, von der er sich zu befreien versucht. Als erstes müssen wir gewillt sein, das, was wir vorher geglaubt haben, zur Seite zu legen, damit wir deutlich hören, was gesagt wird.

Noch einmal: Wir können keine schlechten Gewohnheiten korrigieren oder unser Leben in eine neue Richtung lenken, bevor wir nicht gewillt sind, das alte Verhalten zu beenden. Die Wahrheit ist hier, dass wir keinen Neuanfang machen können, unabhängig um welche Phase der Lebenserfahrung es sich handeln mag, bevor wir nicht das Alte übergeben. Hier stehen wir leer und nackt und vertrauen darauf, dass der bleibende Raum mit dem gefüllt wird, was wir uns am meisten wünschen.

Diese Arbeit ist das Ergebnis eines mindestens 35 Jahre andauernden, tiefen und intensiven Suchens, Fragens und Gespannt - Seins. Die Antwort präsentierte sich mir auf meinem Weg immer wieder. Jedoch während ich nichts tun konnte, außer ihre Präsenz wahrzunehmen, verstand ich ihre Botschaft nicht. Ich verstand das Prinzip nicht, das hinter den Ereignissen lag. Sogar wenn die Antwort offensichtlich war, verpasste ich sie weiterhin. Sie war zu einfach, zu verfügbar und ich hatte doch gelernt, nach dem Komplizierten zu suchen. Wie kann ein so überwältigendes Problem menschlichen Leides und schrecklicher Krankheiten überhaupt eine Lösung und dann auch noch eine so einfache haben? Dieses Buch soll Sie lehren und auf eine Reise führen, die Ihnen aufzeigt, wie mir diese Information und dieses Verständnis offenbart wurde.

Ich kann mich an keinen Zeitpunkt erinnern, zu dem ich nicht fühlte, dass ich mich persönlich gegen Krankheit einsetzen sollte. Ich kann mich nicht erinnern, wann und wo das begann. Bereits in jungen Jahren als 17-jährige Krankenschwester wusste ich sehr genau, dass mein Leben mit der Suche nach einer Erlösung von menschlichem Leid zu tun haben würde. Ich glaubte, dass es einen Weg gab, Krankheit an ihrer tiefsten Wurzel auszulöschen und dass ich diesen Weg finden würde, obwohl ich keine Ahnung hatte, wo ich anfangen sollte zu suchen. Auch wenn ich diese Gedanken niemals aussprach, hörte ich nicht auf, sie zu denken.

Die Erwartung von Krankheit herausfordern

Wir als ein Volk haben die Vorstellung, dass Krankheit ein wichtiger Teil des Lebens sei, den wir hin und wieder zu erwarten haben. Wir hinterfragen dies nicht. In blindem Glauben erwarten wir sie und fürchten uns vor ihr. Und wir verbringen unsere gesamte Energie und Bemühung damit, sie zu bekämpfen. Wir tun all die Dinge, die wir für richtig und angemessen halten und hoffen, dass unsere Bemühungen mit der Freiheit von Krankheit belohnt werden.

Wir leben in einer ziemlich großen Angst vor unserem Körper, so als wäre er ein Feind, vor dessen Schlägen wir uns ständig ducken müssten. Wir glauben, dass er sich bei der kleinsten Provokation vollkommen gegen uns richten und uns zerstören könne. Wir nehmen dies nicht bewusst wahr, doch sehen wir unseren Körper und behalten ihn in unseren Gedanken, so als wäre er ein tyrannischer Meister, dem wir unser gesamtes Leben lang dienen müssten. Wir arbeiten, um ihn zu ernähren, einzukleiden und ihm eine Wohnung zu geben.

Wir sind vollkommen unterwürfig, wenn es um die Forderungen und Notwendigkeiten dieses Körpers geht.

Wir lassen uns Impfungen geben, um die Möglichkeit, krank zu werden, abzuwenden. Wir gehen zum Arzt und unterziehen den Körper vielerlei Tests und Untersuchungen, um herauszufinden, ob er sich entscheidet, krank zu werden. Wir zahlen einen erheblichen Prozentsatz an Krankenkassengebühren, um zumindest finanziell abgesichert zu sein, wenn es passiert. Unsere gesamte Existenz dreht sich mehr oder weniger um diese Erwartung. Es gibt einen Weg, der uns aus dieser Sache herausführt. Es gibt Antworten, die uns davon befreien, Sklaven unseres Körpers zu sein und in Angst vor ihm zu leben.

Es gibt einen Weg, der uns herausführt, ihm so viel Zeit, Mühe, Geld, Gedanken und Sorgen zu widmen.

Den ursächlichen Gedanken untersuchen

Haben Sie jemals gehört: „Wie ein Mensch in seinem Herzen denkt, so ist er"? Oder das alte Sprichwort: „Das, was du glaubst, wirst du sehen"? Es wurde uns eingehämmert zu glauben, Krankheit sei ein Teil des Lebens, den wir nicht vermeiden können. Wir wurden von diesem Gedanken so sehr hypnotisiert, dass wir ihn gar nicht hinterfragen. Wir sind stark in das Wissen über Krankheiten verwickelt und davon in Anspruch genommen: Wir listen auf, wie sie heißen, welcher Kategorie sie angehören, welche Symptome sie haben, all die Körperstellen, an denen die Symptome womöglich auftreten, all die Organe, an denen die Möglichkeit eines Befalls besteht und all die verschiedenen Varianten, wie jeder dieser verschiedenen „Namen" sein dunkles Gesicht zeigen und uns seine Anwesenheit mitteilen könnte. Wir sprechen darüber, was wir tun können, um sie zu vermeiden, wer was tut und wer wohin geht.

Wir verschanzen uns so sehr hinter diesem gesamten Bild, indem wir detaillierte Umrisse solch einer *Gedankenstruktur* unterhalten. Wie viele von uns haben dem jemals ein Ende gesetzt, die Bremsen angezogen und gesagt: „Was ist dieses Konzept, das sich Krankheit nennt? Wo kommt es her? Was ist das für ein schwer fassbarer Feind, der sich in unsere Existenz einschleicht und so unglaublich destruktiv ist bis zu dem Punkt, an dem er unser Leben auslöscht, unabhängig davon, wie viel Abwehr wir gegen ihn auffahren oder wie viele Gedanken wir darauf verwenden, ihn zu vermeiden und wie viele Versicherungen wir abschließen, um für ihn zu bezahlen, obwohl er trotz allem die Macht besitzt, unser Leben zu dominieren?"

Haben wir jemals daran gedacht, nachzufragen, woher dieses Konzept kommt oder worum es sich dabei handelt? Nicht nur persönliche Krankheiten, sondern die gesamte Arena? Kann ich so leben, dass ich der Krankheit *überlegen bin* oder ist es möglich, ohne die Krankheit, ohne diese gefährliche Präsenz in meiner Existenz zu leben? Können Sie das? Sind wir gezwungen oder ist es uns vorbestimmt, in dieser Art von Leid zu leben, das uns angreift oder aus unseren eigenen Körpern kommt?

Sehr früh begann ich, dies zu hinterfragen. Ich machte mir darüber Gedanken, ob dies alles nötig sei. Gab es da einen gemeinsamen Nenner für alle Krankheiten? Trotz ihrer vielfältigen Formen und obwohl wir ihr so viel Einbildung und schwer auszusprechende Namen zuteil werden lassen, gibt es da eine gemeinsame Ursache? Kann sie gefunden werden? Und falls sie gefunden würde, könnten wir uns dann von dem gesamten furchtbaren Bild entfernen?

Oder könnte es sein, dass dies ein Teil des Lebens ist, ohne den wir nicht leben können? Und falls es einmal scheint, als hätte Krankheit die Existenz einer Person eingewickelt, gibt es dann eine wirkliche, echte Befreiung davon? Nicht eine Befreiung durch Medikamente, Operationen oder andere heute gängigen Methoden. Diese und dem stimmen wir alle zu, haben nicht wirklich irgendetwas *geheilt*. Gibt es etwas, das eine andauernde Befreiung anbieten kann? Oder muss ich mich mit dem Glauben abfinden, dass es für bestimmte Krankheiten oder Kategorien einfach keine Hilfe gibt? Sind unsere Körper so schwach? Ist unser Leben so anfällig? Wurden wir geschaffen, um in solch einer bedrohlichen Umwelt wie in der unserer eigenen Körper zu leben?

Muss ich den Schicksalspropheten glauben, die die Röntgenbilder,

Laborberichte oder den Körper selbst betrachten, ihre Köpfe schütteln und sagen: „Die Statistiken sagen ...“, oder „Meine Erfahrung war ...“? Müssen wir das? Bin ich davon abhängig? Kann ich da einen Weg herausfinden? Gibt es da noch etwas mehr zu wissen? Habe ich wirklich das gesamte Bild?

Gut, so wie alle anderen begann ich genau das zu sehen, was mir seit meiner Geburt beigebracht wurde, dass Krankheit ein Feind ist, der bekämpft werden muss. Dies ist das natürliche Konzept der meisten Menschen. Wir verbringen unser ganzes Leben damit, dieses Konzept zu bekämpfen und geben dafür viele tausend Dollar aus. Millionen von Menschen verdienen ihren Lebensunterhalt damit, genauso wie ich es getan habe. Pharmakonzerne sind Multimilliarden-Dollar-Unternehmen und haben die größte Lobby in Washington.

Gibt es Menschen, die durch die Anwesenheit von Krankheit so viel verdienen, dass sie dieses Buch, noch bevor sie es weiter gelesen haben, schließen und behaupten, dass dies alles Unsinn sei? Oder würden sie, unabhängig davon, was sie durch die Anwesenheit solch einer Macht verdienen, den Drang in sich verspüren, eine *größere Lösung* zu finden und dabei auf *persönlichen Verdienst* verzichten? Würden sie sich von einer möglichen Lösung abwenden, indem sie behaupten, es gäbe keine Lösung und sagen: „Das ist verrückt“? Oder suchen sie ebenfalls nach Antworten?

Ich glaube, dass Menschen, die leiden, suchen. Ich schreibe für die Leute, die diesen Gedanken entdecken wollen und keine Angst davor haben, mit kreischenden Bremsen anzuhalten, um die gesamte Gedankenform der Krankheit und deren heutige Behandlungsformen in Frage zu stellen.

Lassen Sie uns einige der Dinge, die die Menschen glauben und gelernt haben, einige der Dinge, die wir einheitlich in unserem Bewusstsein verankert haben, erforschen. Es geht um Vorstellungen und Bilder, die auf die Leinwand unseres Geistes projiziert worden sind. Was ist die beste Methode, um diese Glaubensmuster aufzudecken und zu erforschen? Das Licht anzumachen! Dies möchte ich für

Sie tun, genauso wie es während dieser Reise für mich getan worden ist. Ich möchte das Licht auf die Bilder, Formen, Silhouetten und Schrecken richten, die die gesamte Menschheit als Realität akzeptiert hat. Ich möchte das Licht ebenfalls auf einige der so genannten „Goldenen Kälber" der religiösen Welt richten. Dinge, die ohne nachzudenken angenommen oder als unmissverständliche Wahrheiten akzeptiert wurden. Ich möchte aufdecken, wie wir uns zu unendlichem Leid verurteilen, indem wir einige dieser Dinge annehmen. Ich möchte dies aufzeigen, indem ich diese abgetragenen Doktrinen und Glaubensmuster, die an uns weiter gegeben wurden, aufdecke, damit wir sehen können, wie offensichtlich die Nutzlosigkeit des Leidens ist und wie wir unseren Weg klar sehen können, wenn wir es aus unserer Erfahrung entfernen.

Ich glaube, dass wir dazu bestimmt sind, ohne Krankheit, ohne Schmerz, Sorge oder Leid zu leben. Sie sagen, das sei unmöglich? Sie sagen, diese Dinge seien als Katalysator notwendig, um uns auf unserer Reise voranzutreiben, damit wir unseren Weg weiter gehen und um uns zu motivieren, dass es vorbestimmt sei, dass wir so viel leiden? Als erstes muss ich Ihnen sagen, dass ich kein einziges Mal Krankheit benutzt habe, um meine Töchter dazu zu bringen zu wachsen, reif zu werden und sich auf ihrem Weg zu entwickeln. Genauso wenig glaube ich, dass Gott dies so mit seinen Kindern macht. Es war eine normale, natürliche Folge ihrer Existenz, sanft und Schritt für Schritt von einem Verstehen zum nächsten zu gehen, während sie wuchsen und sich entwickelten. Was ich tat, war, sie so gut ich konnte, durch Kommunikation, Erziehung und Ermutigung vorzubereiten. Ebenso verteidigte und beschützte ich sie. Ich tat alles, was ich für notwendig hielt, um sie in Besonnenheit und Weisheit zu lehren und zu unterrichten, um sie auf einem guten und gesunden Weg zu halten. Jedoch benutzte ich nie den Schmerz, um sie „voranzutreiben".

Das Vorantreiben ist nichts, was wir verursachen müssen. Unseren Weg haben wir nicht selbst verursacht. Wir haben unsere Existenz nicht selbst verursacht, deshalb können wir auch unsere Reise nicht selbst verursachen. Unsere Reise ist ein Teil dieses Stromes der göttlichen Energie, die wir *Gott* oder *ewiges Leben* nennen. Ich werde diese Worte abwechselnd benutzen, da sie meiner Meinung nach alle dasselbe bedeuten. Leben in seiner reinsten Form, voller Glanz, Freude und der Erfahrung des Staunens. Das ist die Präsenz Gottes, Leben in und aus sich selbst. Und wenn es fließt, sind wir ein Teil davon - wie ein Fluss. Wir werden von diesem Strom des Lebens zu größerer Entwicklung, Reife und größerem Verständnis getragen. Uns muss kein Schmerz zugefügt werden, damit wir weiterhin in die zwingende Richtung gehen, in die Er uns trägt.

Kommen Sie also mit mir, wenn ich die fortschrittliche Entfaltung neuer Gedanken und ein neues Verstehen mit Ihnen teile, welches mir auf meiner Reise offenbart wurde. Lassen Sie uns aufhören, erblindet durch Dunkelheit und Verwirrung durchs Leben zu laufen und auf jeder Wand und in jeder Ecke Schatten zu sehen. Diese Schatten werden zu irgendetwas, was Sie sich vorstellen, zu irgendetwas, was Ihnen gelehrt wurde, das sie seien.

Als mein Bruder jung war, litt er schrecklich unter Asthma. Er verbrachte entsprechend der damals gängigen Behandlung die meisten Nächte unter einem Sauerstoffzelt. In seinem Zimmer waren zwei Einzelbetten und das leere Bett wurde oft als Ablage benutzt, dort lagen zusammengefaltete Wäsche, die aufgeräumt werden sollte, Mäntel, Hüte etc. Er blickte auf diese Kleidungsstücke und Stapel und sah Monster, Schreckgespenste und furchtbare Bilder. Bevor ich ihn abends ins Bett brachte, musste ich das Bett von allem befreien, was er als Monster interpretieren könnte. Das letzte, was er sagte, bevor ich das Zimmer verließ, war: „Vergiss nicht, die Kleiderschranktüre zuzumachen!" Er sah auch die Kleider in dem Schrank als etwas, was ihm Angst machte. Da er sich bereits schwach, anfällig, krank, ängstlich und einsam fühlte, stellte er sich alle möglichen Schreckgespenster vor. Jeden Abend öffnete ich die Schranktür, machte das Licht an und sagte: „Schau, Chris! Es gibt nichts zu fürchten!"

Lassen Sie uns gemeinsam diese Angst erregenden Bilder, an denen wir aus Ignoranz, einer Art von Unsicherheit, Getrenntheit und Einsamkeit festhalten, ablegen.

Lassen Sie mich die Schranktüre für Sie noch einmal schließen.

KAPITEL ZWEI

AM ANFANG

Im Alter von fünfundzwanzig Jahren befand ich mich in einer unglaublichen Situation. Es war ein sehr dunkles, bodenloses Loch - wirklich. Es gab da nichts, wohin ich flüchten konnte, keinen, zu dem ich gehen konnte und keinen Ausweg. Dies ist eine Geschichte, die wahre Geschichte eines Weges in die Freiheit, eine „wenig befahrene" Straße, ein Weg heraus, der mir aus den dunkelsten Abgründen der menschlichen Lebensumstände erschien.

Wenn ich glauben würde, dass das, was ich sehen und lernen durfte, nur für diese Situation und meine eigene Erfahrung gültig wäre, dann würde ich Gott jeden Tag danken, die Geschichte zu seltenen Anlässen erzählen und damit hätte es sich dann auch schon. Aber während meines Lebensweges gab es unzählige Gelegenheiten, dieses Prinzip anzuwenden, diese Entdeckung, wenn Sie wollen und jedes Mal mit denselben positiven Ergebnissen.

Im Gegenteil, jedes Mal, wenn ich dieses Verständnis nicht anwandte, aus welchem Grund auch immer, konnte ich mich wieder einmal gestrandet fühlen auf den Felsen, die für jeglichen menschlichen Lebensumstand standen, dem ich gerade erlaubte, meine Erfahrungen in meinem Leben zu dominieren.

Ich weiß und glaube, dass dieses Verständnis für jeden gilt. Es ist ein Lebensprinzip, das alle Menschen in allen möglichen Situationen verändert und erneuert, unabhängig davon, wie extrem oder bedrohlich das Bild auch erscheinen mag.

Die Anstoß gebende Erfahrung

Es war im Jahr 1970. Ich war eine eingetragene Krankenschwester, die seit ihrem Abschluss in einer der ersten pädiatrischen Intensivstationen des Landes arbeitete. Ich war mit einem Vietnam - Kriegsveteranen der Marine verheiratet, einem sehr gut aussehenden Mann, der jedoch in einer etwas seltsamen emotionalen Verfassung war.

Dies brachte auch meine gefühlsmäßige Stabilität irgendwie ins Schwanken.

Ich liebte meine Arbeit, vergötterte meine zwei Jahre alte Tochter und war mit meinem zweiten Kind schwanger. Es ist erstaunlich, wie schnell sich doch das Leben ändern kann, nicht wahr? Durch einen Brief vielleicht oder durch einen Anruf mitten in der Nacht. Wie auch immer, dies war eine solche Situation.

Ich hatte mich vorher bereits einer Operation unterziehen müssen, bei der meine linke Niere entfernt worden war, die seit meiner Geburt deformiert und geschädigt gewesen war. Als die Schwangerschaft fortschritt, wurde befürchtet, dass die verbliebene Niere zu sehr durch eine natürliche Geburt beansprucht werden würde. Deshalb beschlossen sie, die Geburt künstlich einzuleiten. Das heißt, dass die Ärzte den Beginn der Geburt festlegen, indem sie die Wehen medikamentös erzeugen. In der Zwischenzeit waren wir in eine neue Stadt, ungefähr drei Stunden entfernt, gezogen, damit mein Mann einen neuen Job anfangen konnte – wieder einmal. Ich gab meinen Job auf, um ihm an einen Ort zu folgen, wo ich keine Menschenseele kannte. Ich war im siebten Monat schwanger (dachte ich) und wartete auf den Tag, an welchem die Geburt eingeleitet werden sollte. Früh am Morgen des 25. Mai kam ich im Krankenhaus an und fand mich bald im Kreissaal wider und hatte eine Infusion im Arm, die mir das Medikament einflößte, das dafür sorgen würde, dass mein Baby zur Welt kommt, ob es wollte oder nicht. Und wie sich herausstellte, wollte es nicht.

Ein Fehler in der Kalkulation des Geburtsdatums zwang Lara dazu, im siebten Schwangerschaftsmonat auf die Welt zu kommen, mit nur einem Gewicht von zweieinhalb Pfund! Welche Katastrophe! Was hatten wir nur getan?

Ich wusste, dass etwas falsch gelaufen war, da das, was nur ein paar Stunden in Anspruch hätte nehmen sollen, nun schon fast 24 Stunden andauerte. Aber einmal eingeleitet, waren wir gezwungen, es bis zum Ende durchzuziehen. Ich hörte, wie der Doktor gleich nach ihrer Geburt etwas murmelte wie: „Oh, Gott, sie ist so winzig." Ich wartete darauf, sie schreien zu hören, etwas, was ich nie hörte. Als ich darum bat, sie zu sehen, taten sie das so schnell, dass alles, was ich von ihr sehen konnte, ein Schatten von dunkel purpurner Farbe war; keine Bewegung, kein Geräusch. Wir waren in einer schrecklichen Situation und ich wusste das.

Dies war der Anfang der Veränderung meines Lebens. Sie war aber so radikal, dass es mir vorkam, als hätten die Jahre davor zu einer anderen Person gehört.

Lara wurde mit einer Lungenkrankheit geboren, die bei Frühgeburten auftritt, genannt Hyaline Membranenkrankheit. Da die Lungen noch nicht fertig entwickelt waren, war sie unfähig, Luft aufzunehmen und ihre Lunge aufgeblasen zu halten. Sie wurde auf die pädiatrische Intensivstation gebracht, auf der ich Stationsschwester gewesen war, bevor wir umgezogen waren.

Während der ersten Nacht hatte sie fünf Herzanfälle. Sie erhielt hundertprozentigen Sauerstoff und hatte immer noch nicht ausreichend Sauerstoff, um ihre Nieren und ihr Gehirn damit zu versorgen. Damals, 1970, hatten Babys unter diesen Umständen einfach keine Überlebenschance.

Ich erinnere mich daran, dass der Oberarzt am nächsten Morgen in mein Zimmer kam, um mir zu sagen, dass sie es für das Beste hielten, alle lebensverlängernden Maßnahmen zu beenden. Er bat mich um meine Einwilligung, mit der Behandlung aufzuhören. Obwohl ich wusste, dass sie unter diesen Umständen nicht leben konnte, wollte es ein Teil in mir nicht zulassen. Ich wusste, dass eine schwere geistige Behinderung das mögliche Resultat von Sauerstoffmangel sein konnte, auch wenn sie die erste Woche überleben sollte. Aber ich fühlte etwas in mir ganz stark werden, was ich noch nie zuvor erlebt hatte. Später sollte ich es Glaube nennen oder eine übernatürliche Woge von Hoffnung. Ich wusste tief in meinem Inneren, dass sich all das irgendwie, irgendwo und irgendwann klären würde. Ich hatte keine Idee, was da auf mich zukam, aber ich wollte nicht aufgeben. Ich wusste, dass sie wünschten, mich nicht gefragt zu haben. Normalerweise fragen sie die Mütter auch nicht.

Ich möchte hier betonen, dass ich nicht darum kämpfte, etwas zu glauben. Nie hätte ich mich selbst dazu bringen können, diese stille, ruhige und ununterbrochene Sicherheit zu fühlen (inmitten aller Beweise des Gegenteils), die mir sagte, dass alles gut gehen würde. Bis zu diesem Zeitpunkt wusste ich nichts von diesen Dingen. Mein ganzes Vertrauen galt bis dahin der Medizin. Ich glaubte vollständig, dass dies alles war, was der Menschheit zur Verfügung stand, um physische Unzulänglichkeiten zu lösen, schloss jedoch alles andere, wie zum Beispiel göttliche Fügung, auch nicht bewusst aus. Da ich in meinem Leben an solche Dinge einfach nicht dachte, traf mich diese Erfahrung ziemlich unerwartet.

Meine Erscheinung war die eines emotionalen Wracks. Es war, als lebten zwei Personen in mir. Eine war so selbstbewusst. Die andere, die vertrautere, war mein normales hyperängstliches Ich, nur noch stärker. Ich rauchte mich zu Tode. Ich rief jede Stunde im Labor an, um ihre Blutwerte zu erfahren. Ich stahl mich mitten in der Nacht aus meinem Krankenzimmer, um sie zu sehen, obwohl ich gewarnt worden war, dies nicht zu tun.

Was ich in dieser Nacht sah, werde ich niemals vergessen. Laras Arme fuchtelten wie wild in der Luft herum, während sie darum kämpfte, Luft in ihre Lungen zu bekommen. Sie hatte immer noch diese dunkle, purpurne Farbe. Als ich sie ansah, spürte ich, wie das Blut meinen Kopf verließ. Der Raum drehte sich und ich wurde ohnmächtig.

Gleich nachdem ich mich von diesem ersten Schock erholt hatte, betrat ich den Raum und steckte meine Hände in den Inkubator. Ich war überwältigt von Schmerz, als ich ihren kleinen Fuß streichelte. Ich sah die anderen Eltern, die draußen vor den Fenstern sitzen bleiben mussten und von dort aus zusahen, wie ihre Kinder allein um ihr Leben kämpften. Auch mit all dem Mitgefühl, das ich für die Familien hatte, während ich auf der pädiatrischen Intensivstation arbeitete, hatte ich doch nie einen solchen Schmerz empfunden. Sogar mit dieser tiefen inneren Grundüberzeugung, dass alles gut wird und diesem „Gib – Nicht – Auf – Gefühl“ war der Schmerz immer noch unerträglich. Hätte ich nicht dieses tiefe, starke innere Gefühl in mir gehabt, dann hätte ich doch *hier und da* gesagt, dass sie die Behandlung beenden sollen, da ich sah, was meine Tochter durchmachte und weil ich wusste, wie ihre geistige Verfassung sein würde, wenn sie überlebte.

Einige Tage später verließ uns ihr Vater wortlos. Die Verantwortung, die mit solch einer dramatischen Wende der Ereignisse verbunden ist, war weit mehr, als er tragen wollte. Jetzt waren wir ganz auf uns gestellt.

Wie Wunder so geschehen, kam ein neuer Arzt aus Deutschland für sechs Monate an die Klinik. Er war hier, um den Ärzten in den USA einige neue Verfahren in der Betreuung und Überwachung speziell dieses pränatalen Problems zu vermitteln. Meine Tochter Lara war seine erste Patientin. Die neue Art der Behandlung wirkte, obwohl sie sehr kompliziert und zeitaufwendig war. Aus Wochen wurden Monate und ihr Zustand verbesserte sich Stückchen für Stückchen. Jedoch waren die Ärzte mit Laras geistigen Funktionen überhaupt nicht zufrieden. Nach einigen Monaten wurde uns bestätigt, dass sie schwer behindert war.

Dies war der Beginn von zehn harten Jahren. Jahren, die meine Existenz komplett veränderten.

Um einen kleinen Hintergrund zu liefern, sei gesagt, dass sich meine Familie nach der Scheidung meiner Eltern überall hin verteilt hatte. Ich war damals erst zwölf Jahre alt. Meine Mutter war in einer Anstalt für Alkoholabhängige, mein Vater war wer weiß wo. Meine Schwester lebte in Kalifornien und war mit der Erziehung ihrer drei Kinder beschäftigt. Zu dieser Zeit hatte ich jeden Kontakt zu meinem Bruder verloren. Ich wohnte in einer Stadt, in der ich niemanden kannte. Im Prinzip war ich ganz allein mit zwei Kleinkindern, ohne Geld und ohne Möglichkeit, arbeiten gehen zu können. Lara war zu krank, auch nachdem sie nach Hause entlassen wurde und sie brauchte sehr viel Pflege, sodass es mir unmöglich war, wieder arbeiten zu gehen. Es fühlte sich für mich an, als ob wir sie Stück für Stück wiederherstellen mussten, langsam und Schritt für Schritt.

Niemand würde auf sie aufpassen, damit ich arbeiten gehen konnte. Sie sah so fürchterlich aus, dass jeder erschrak. Während der ersten anderthalb Jahre blieb sie in jeglicher Position liegen, in die ich sie brachte. Dabei schielte sie und ihre Zunge hing ohne Kontrolle aus ihrem Mund. Sie weinte nie, sie lachte nie, sie reagierte auf nichts. Gab ich ihr etwas zu essen in den Mund, dann nahm sie es und schluckte es hinunter. Wann immer ich ihr Medikamente verabreichte, hörte sie zuerst auf zu atmen und lief tiefblau an. Sie war nicht in der Lage, gleichzeitig zu atmen und zu schlucken. Schlief sie, dann passierte es oft, dass sie vergaß zu atmen und blau anlief. Deshalb schlief ich die ganze Nacht mit ihr auf meiner Brust. Auf diese Art konnte ich fühlen, wenn sie zu atmen aufhörte und so war es mir möglich, sie durch eine Berührung wieder zur Atmung zu animieren, zumindest für eine Weile. Das waren zwei schwere Jahre! Später hatte ich auch noch schwere Jahre, aber nichts konnte diese beiden Jahre übertreffen!

Einführung in ‚den Weg zum Leben'

Es geschah zu diesem Zeitpunkt, dass ich eine Erfahrung machte, die ich ‚den Weg zum Leben' nenne. Bis dahin kann ich das, was ich bisher erlebt hatte, kaum *Leben* nennen. Man könnte es genauer gesagt als ‚kaum existieren' beschreiben. Diese Erfahrung öffnete buchstäblich meinen Geist und mein Sein für das Wissen über Gott. Dies gab mir die Hoffnung und die Zielrichtung für mein ganzes weiteres Leben, für das Leben meiner Kinder und für das Leben von Hunderten von Leuten, die ich seitdem betreut habe.

Und so begann es: Ich brauchte jemanden, der mir half, meine Kinder zu betreuen, sodass ich arbeiten gehen konnte. Wir hatten unser

Heim verloren, ich hatte alles verkauft, was ich besaß und wir hatten kein Geld, auch nicht für Essen. Ich zog in das Untergeschoss eines Schwesternwohnheimes. Das war alles, was ich finden konnte. Sie waren so freundlich, uns dort wohnen zu lassen. Zu dieser Zeit erinnerte ich mich an einen Pastor und seine Frau, mit denen ich vor einigen Jahren befreundet gewesen war und um deren Tochter, die an zystischer Fibrose (Mukoviszidose) litt, ich mich gekümmert hatte. Ich dachte, vielleicht wüssten sie jemanden in ihrer Gemeinde, der nicht zu ängstlich war, auf Lara und Linda aufzupassen, während ich in der Arbeit war.

Als ich sie anrief, schienen sie sehr erfreut zu sein, von mir zu hören. Sie erzählten, dass sie von all dem gehört hätten, was mir seit unserem letzten Treffen geschehen war. Es war beim Begräbnis ihrer Tochter gewesen, als wir uns das letzte Mal gesehen hatten. Judy, die Frau des Pastors, erzählte mir, dass sie mich seit meinem Umzug vergeblich versucht hatte, ausfindig zu machen. Und dann teilte sie mir etwas sehr Seltsames mit. Sie sagte, sie hatte gewusst, dass ich sie kontaktieren würde, weil die ganze Gemeinde, die die Beiden betreuten, für mich gebetet hätte. Sie beteten dafür, dass ich mich melden solle, damit sie mir helfen können. Hier war sie nun, die Veränderung! Bis zu diesem Anruf konnte ich keinen finden, der mir half und da gab es Leute, die dafür beteten, mir helfen zu können!

Diese nette Frau holte uns am gleichen Tag noch ab und brachte uns zu sich nach Hause. Sie brachten uns in ihre Kirchengemeinde und nahmen uns in ihre Herzen. Ich fühlte eine Liebe, wie ich sie bis dahin nicht kannte. Ich nahm diese Liebe in mich auf, so wie eine Verhungernde etwas zu Essen aufnimmt. Ich kann diese Einsamkeit, diese Angst und dieses Verlassensein, welches ich bis dahin fühlte, nicht beschreiben. Sie führten mich in ein neues Leben ein, in ein Leben voller Hoffnung. Sie führten mich in meine erste Bibel ein. Sie führten mich zu Gott. Nicht zu einem Gott, der getrennt und weit entfernt von uns ist mit Regeln, die unbedingt zu beachten sind und die nicht eingehalten werden können, sondern zu einer realen und fühlbaren Präsenz, hier und jetzt, die mich liebt und mich niemals verlässt – wo ich doch gerade fühlte, dass mich der Rest der Welt verlassen hatte. An diesem Tag wusste ich, dass sich eine Tür für mich geöffnet hatte, die sich nie wieder schließen würde. Hier spürte ich dasselbe Gefühl, das ich erfahren hatte an dem Tag, als Lara geboren worden war. Jetzt konnte ich es benennen, woher es kam. Jetzt hatte es Wurzeln und eine Quelle.

Sie lehrten mich zu beten und während ich das tat, konnte ich diese wundervollen Gefühle von Glaube und Hoffnung erfahren, so oft ich es wünschte. Ich hatte die Quelle des Lebens gefunden, inmitten von Verzweiflung und Schmerz.

Die frühen Erfahrungen

Meine ersten vorsichtigen Schritte auf diesem neuen Weg tat ich an dem Tag, als sie mit mir gemeinsam beteten. Diese Erfahrung sollte der Beginn von unzähligen Gesprächen und Offenbarungen sein, die mich zweifelsohne aus der Dunkelheit ins Licht brachten, also auf den Weg, den ich in diesem Buch mit Ihnen teilen möchte. Nach diesem Tag zweifelte ich niemals daran, dass ich zu einem Verständnis von etwas geführt würde, das größer war als ich selbst. Ich habe nicht immer die Richtung verstanden, in die es ging, aber ich habe nie daran gezweifelt, dass ich geführt wurde.

Es war ein wunderschöner, sonniger Nachmittag im September – was wir im Norden den ‚Indian Summer' nennen. Gerade als wir uns von unserem Gebet erheben wollten, kam ein starker Wind auf. Der Himmel wurde schwarz wie die Nacht, so als wäre plötzlich und ohne Vorwarnung ein Sturm aufgekommen. Der Wind heulte durch das Haus und die Gardinen wehten aus den Fenstern. Aber komischerweise blieben alle weiter still sitzen. Es war so schnell zu Ende, wie es gekommen war. Obwohl diese Erfahrung offensichtlich all unsere Aufmerksamkeit in Anspruch genommen hatte, sagte keiner ein Wort. Alle waren viel zu aufgeregt und durcheinander, um einen Kommentar abzugeben. Tief in meinem Herzen wusste ich, dass ich gerade meine erste Manifestation dieser ‚göttlichen Liebe' erfahren hatte, die mich von diesem Tag an nie mehr verlassen sollte.

Ich fühlte eine *Woge des Lebens* durch meinen Körper strömen, wie ein milder, elektrischer Schock – ungelogen! Ich wurde buchstäblich in Hoffnung eingehüllt. Es ist diese Hoffnung, die mich nie mehr verlassen hat, die ich gern allen denen vermitteln möchte, die sich genau wie ich damals auf dem Grund eines Schachtes tiefster Verzweiflung befinden, aus dem es keinen sichtbaren Ausweg mehr gibt. An diesem Tag gingen in meiner Seele die Lichter an und obwohl ich es manchmal zugelassen habe, dass sie nur schwach leuchteten, sind sie doch nie wieder ausgegangen.

Nach ein paar Monaten fand ich dann einen Job, der meiner Situation besser entsprach. Ich nahm meine Kinder und zog in eine neue Stadt. Ich trat einer neuen Kirchengemeinde bei und machte die folgenden zwei Jahre die Nachtschicht in der örtlichen Notaufnahme. Eine nette, freundliche Dame aus der Kirchengemeinde passte auf meine Kinder auf, während ich arbeitete. Ich muss sagen, dass ich niemals in meinem Leben so vertieft und konzentriert gewesen war wie zu jener Zeit. Ich betete Tag und Nacht. Ich las immer wieder in der Bibel. Unsere Gruppe traf sich dreimal die Woche. Ansonsten sprach ich kaum mit jemandem. Ich erlaubte mir keine Ablenkung. Ich wollte Gott verstehen – ich wollte die Existenz für meine kleine Familie sichern und unsere Leben heilen. Meine ältere Tochter Linda half mir, auf ihre kleinere Schwester aufzupassen, obwohl sie selbst noch so jung war und wir kamen um die Runden.

Was Lara betraf, so sprach nie jemand über ihre Beeinträchtigung, einschließlich mir – obwohl es ziemlich offensichtlich war. Ich habe Lara nie als behindert bezeichnet. Niemals benutzte ich dieses Wort. Es tat auch niemand in unserer Gegenwart, seit sie aus dem Krankenhaus entlassen worden war. Niemand befahl mir, es nicht auszusprechen. Es war ein weiteres, sehr starkes, inneres Gefühl, dass ich mich nicht damit identifizieren sollte, auch nicht stellvertretend für Lara. Ich habe es nicht verleugnet.

Ich habe mich nur nicht damit identifiziert. Dies war die Erfüllung eines Grundprinzips der Heilung, obwohl ich das zu diesem Zeitpunkt noch nicht wusste.

ERSTES PRINZIP AUF DEM WEG INS LEBEN
„Besitze nie deine Beschwerden"

Seit damals und in den Jahren danach habe ich so oft in meiner Klinik-Praxis gehört, wie Menschen ihre Probleme so detailliert beschreiben und alles aufzählen, was die Ärzte gesagt haben. Sie lesen alle Zeitschriften, gehen in jede Selbsthilfegruppe und sind so stolz auf sich selbst, wenn sie es geschafft haben, den Namen der Krankheit richtig auszusprechen. All ihre Bekannten wissen über ihr Problem Bescheid. Irgendwie wurde das, was sie sind, ihre ganze Identität in die Krankheit verpackt. Anstatt Krankheit als eine Störung ihres Lebens zu betrachten, identifizieren sie sich mit ihr als Teil ihres Lebens. Die Krankheit wurde zu dem, was sie sind. Sie berichten darüber, wie viele Menschen für sie gebetet haben – als wäre Gottes Antwort davon abhängig, wie viele Menschen sich treffen, um für einen zu beten, so als würde das inbrünstige Gebet eines einzelnen rechtschaffenen Menschen nicht genügen. Leider erholten sich diese Leute nur selten.

Ich erinnere mich an eine Patientin, die ich in den Anfängen meiner Klinik betreute und die sich weigerte, ihre Beschwerden zu ihrer Identität werden zu lassen. Sie kam mit der Diagnose Multiple Sklerose. Sie kam an, auf jeder Seite von zwei Freunden gestützt, die sie praktisch hereinschleiften. Alles, was sie sagte, war, ihre „Arme und Beine funktionierten nicht". Sie sprach das Wort (MS) nie laut aus und ihre Freunde warnten mich, es ebenfalls nicht auszusprechen. Da gab es dieses unausgesprochene Gesetz – sie würde sich mit der Krankheit auseinandersetzen, sie jedoch nicht *besitzen.* Dies bedeutet, obwohl Sie die Krankheit nicht verleugnen, nehmen Sie diese nicht in Ihr inneres Bewusstsein auf und erlauben ihr nicht, zu einem Teil von Ihnen zu werden. In Ihrem Inneren fühlen Sie sich noch immer vollständig und intakt. Sie lassen die Krankheit schlichtweg nicht zu Ihrem Selbst werden. Diese Frau erholte sich schnell. Innerhalb von drei Monaten lief sie täglich einige Meilen. Dies war vor zwanzig Jahren und sie läuft heute noch kräftig.

Es gibt hier ein Prinzip: Sich auf das Problem zu konzentrieren bedeutet, diesem zu erlauben, die Macht über Ihren Geist zu übernehmen und unterbewusst an ihm festzuhalten. Es ist ein Unterschied, ob Sie sich kümmern, worum Sie sich kümmern müssen oder ob Sie dem Problem einen Altar bauen.

Die Erfüllung des Prinzips

Kein einziges Mal habe ich für Laras Heilung gebetet. Aus verschiedenen Gründen kam es nie zu solch einem Gebet. Ein Grund war, dass ich nicht auf die Idee kam, dass Gott dies heilen könnte. So komisch dies für mich heute auch klingen mag, aber damals glaubte ich, dass, wenn die Medizin nichts mehr ausrichten konnte, eine Heilung ganz und gar unmöglich war. Der zweite Grund war, dass ich mich voll darauf konzentrierte, über Gott zu lernen und meine kleine Familie intakt zu halten. Wir waren in einem Überlebensmodus und die meisten meiner Gebete beschäftigten sich mit der nächsten Mahlzeit und der Bezahlung der fälligen Miete.

Was Lara betraf, war die einzige Sache, die ich tief in mir zu wissen schien, dass es wichtig war, dieser Angelegenheit *keine Erlaubnis* zu geben, Teil unseres Lebens zu werden. Dies war so ziemlich alles, was ich wusste. Es war etwas, worum wir uns kümmern mussten, aber es wurde nicht zu unserer Identität. Während der ersten zwei Jahre war ich so sehr in mein Studium vertieft, dass sich mein spirituelles Bewusstsein wahrhaft zu entwickeln begann. Dies schien ohne eine besondere Anstrengung meinerseits zu geschehen. Das Ergebnis jedoch war, dass sich viele eigenartige und wundervolle Dinge ereigneten.

Das großartigste Ereignis geschah, als Lara fast zwei Jahre alt war. Der Tag begann ziemlich routinemäßig. Ich war nicht auf das vorbereitet, was geschehen würde. Es war Mittagessenszeit und ich hatte Lara auf meinen Schoss genommen. Als ich ihr ein Stück Cracker in den Mund geben wollte, streckte sie ihr Ärmchen aus und nahm es von mir. Ich hielt den Atem an, als sie es in ihren eigenen Mund steckte. Ich hatte mich noch nicht von dem Moment erholt, als sie in meine Augen sah und mich anlächelte. Ich kann es nicht einmal versuchen, Ihnen zu beschreiben, welche Gefühle ich damals hatte. Dies war der erste Funke von Wahrnehmung, den sie jemals gezeigt hatte – der erste soziale Moment ihres Lebens. Da gab es keine Glocken, keine Zimbeln und keine Fanfaren. Ganz leise, weich und sanft kam *Bewusstsein* in ihren kleinen Geist und Lara war geheilt.

Von jenem Tag an machte sie rasche Fortschritte in ihrer Motorik und ihrer sozialen Entwicklung. Während der nächsten Jahre hatten wir noch immer etwas Mühe, bis sie aufholte und anderen Kindern ihres Alters entsprach. Aber langsam holte sie auf und heute, 27 Jahre nach jenem Tag, ist sie Anwältin und glücklich verheiratet. Sie und ihre wunderbare Schwester Linda sind meine besten Freundinnen und die größte Inspiration meines Lebens. Und dies war nur der Anfang.

KAPITEL DREI

‚DIE AFFEN UND DRACHEN'

Später in diesem zweiten Jahr bekam ich eine Lungenentzündung. Zwei Wochen lang schleppte ich mich auf meine Arbeitsstelle und wieder nach Hause und dann brach ich zusammen. Ich hustete so stark, dass ich mir auf meiner linken Seite zwei Rippen brach, was es mir noch schwerer machte zu atmen. Eines Nachts stolperte ich aus meinem Bett und wankte ins Wohnzimmer. Ich fühlte diese mir mittlerweile sehr vertraute *Präsenz*, die mich diese Nacht antrieb und ich fiel auf meine Knie. Ich fühlte einen starken Geist von *Hingabe*, der über mich kam, sodass ich meine Arme hob und ein Lied zu singen begann, das ich während eines Gottesdienstes gelernt hatte. Gerade als ich anfing und sich meine gebrochenen Rippen wieder in ihre natürliche Position ausrichteten, fühlte und hörte ich einen lauten Knacks. Ein Schmerz durchfuhr mich und ich brach über der Couch zusammen. Ich schlief ein und hatte einen Traum.

In meinem Traum stand ich auf einem goldenen Pfad auf der Spitze eines Berges inmitten einer Bergkette wie den Alpen. Ich sah, wie sich dieser Pfad zu beiden Seiten den Berg hinauf wand und wie er über der Bergspitze verschwand, um auf einem anderen Berg in der Entfernung wieder aufzutauchen. Ich dachte: „Oh, ich muss noch so weit gehen." Ich bemerkte viele Affen zu beiden Seiten des Weges, direkt an meinen Füßen. Sie machten so viel Lärm, dass ich es kaum aushalten konnte. Sie bissen mich auch in die Füße und Beine und ich fing zu bluten an.

Ich sprang und tanzte um sie herum, um sie los zu werden, bis ich hörte: „Schau nicht auf sie. Schau geradeaus auf den Weg." Ich erinnere mich, wie schmerzhaft schwierig es für mich war, von diesen beängstigenden, schikanierenden Affen wegzuschauen. Ich war mir sicher, dass sie mich bei lebendigem Leibe fressen würden, wenn ich wegschaute! Aber je länger ich hinschaute, umso schlimmer wurde es. Letztendlich nahm ich all meinen Mut zusammen und schaute weg in Richtung des Weges.

In dem Moment, als ich das tat, wurden die Affen plötzlich bewegungslos und still. Sie waren wie eingefroren in der Bewegung, die sie gerade ausführten. Die Neugier trieb mich dazu, sie wieder anzuschauen und sofort begannen sie wieder zu lärmen, zu kneifen und zu beißen. Schnell schaute ich wieder weg und sie waren abermals bewegungslos. Das machte ich mehrmals und jedes Mal mit demselben Resultat. Dann ging ich den Weg weiter, sorgsam darauf bedacht, auf den Weg zu schauen. Die Affen blieben weiterhin bewegungslos neben dem Weg.

Plötzlich, als ich der Spitze des ersten Berges näher kam, tauchten zwei Feuer speiende Drachen auf. Sie zerstampften und zertraten die Erde, als sie mir auf beiden Seiten näher kamen. Sie waren Angst einflößend und grimmig. Jetzt war ich bewegungslos! Sie kamen näher und näher und ich war sicher, dass sie mich verschlingen würden. Plötzlich wusste ich, dass ich wegschauen und weitergehen musste, egal, wie schwierig das auch sein würde – dies war genau das, was ich tun sollte. Obwohl ich unbeschreibliche Angst verspürte, eine Angst, die mein Herz auf noch nie zuvor empfundene Art und Weise umklammerte, zwang ich mich, wegzuschauen und mich auf den Weg zu konzentrieren, der vor mir lag. Sofort wurden auch die Drachen bewegungslos. Ich schaute sie nicht mehr an. Während ich direkt geradeaus blickte und meine Augen auf den Weg vor mir fixierte, wurde ich immer sicherer. Als ich aus meinem Traum erwachte, waren plötzlich alle Symptome der Krankheit, wie Fieber und Schmerzen, verschwunden! Ich war stark und erfrischt, so als wäre ich nie krank gewesen.

ZWEITES PRINZIP AUF DEM WEG ZUM LEBEN

„Erlaube der Situation nicht, dich in ihren Bann zu ziehen"

Ich erzähle diese Geschichte meinen Patienten nun schon seit 25 Jahren. Jeder in der Klinik kennt ‚die Affen und Drachen'. Ich höre Patienten im Warteraum davon erzählen und sage ihnen: „Das ist ein

Lebens-Prinzip. Egal, wie schlimm die Symptome sind, egal wie es aussieht, egal, wie lange Sie schon leiden, richten Sie Ihre Augen, Ihr Herz und Ihre Hoffnung auf den Weg zum Leben, der vor Ihnen liegt. Sie werden sich auf gewisse Weise mit dem Problem *beschäftigen* müssen, aber lassen Sie sich niemals davon in den Bann ziehen. Schauen Sie nicht zu lange darauf, damit es nicht Teil Ihres Innern, Ihres wahren Selbst wird.“

Lassen Sie mich Ihnen einige Geschichten erzählen, die ich durch die Anwendung dieses Prinzips im Laufe der Jahre erlebt habe, so wie sie passiert sind, damit Sie es besser verstehen können.

Die erste Geschichte ist die einer älteren Frau, die mit Wirbelsäulenkrebs diagnostiziert worden war und zum Sterben nach Hause geschickt wurde. Sie und ihr Ehemann lebten allein. Er war sehr aufmerksam ihr gegenüber, badete sie und kochte alle Mahlzeiten für sie. Meistens aßen sie Fertiggerichte, da er vorher niemals gekocht hatte.

Er wusste, wie sehr sie ihren Garten liebte. Deshalb brachte er sie mitsamt ihrem Bett häufig an das Erkerfenster, von wo aus sie den schönsten Blumengarten, den er für sie angelegt hatte, sehen konnte. Er hatte Futterstellen für die Vögel und Vogelhäuser in diesem Garten angelegt und sogar einen kleinen Springbrunnen mit einem richtigen kleinen Wasserstrahl gebaut. Dort saßen sie gemeinsam Tag für Tag, Woche für Woche. Sie beobachteten, wie die Blumen blühten und wie sich die Vögel um ihre Jungen kümmerten. Sie hielten sich bei der Hand und sprachen über all die wundervollen Dinge, die sie gemeinsam erlebt hatten und wie dankbar sie für all ihre gemeinsamen Jahre und Erfahrungen waren. Sie umgaben sich mit Leben und ließen Freude und Dankbarkeit ihre Herzen erfüllen. Sie sprachen nicht über die Krankheit. Sie sprachen nicht vom Tod.

Schrittweise fühlte sie sich stärker und stand auch schon auf, um selbst das Essen zu bereiten. Bald war offensichtlich, dass sie geheilt war, obwohl sie auch darüber nicht sprachen. So lebten sie bald wieder wie vorher. Sie gingen nie wieder zum Arzt. Sie spürten keinerlei

Verlangen, nachzufragen, ob sie genesen war und wollten sich dies auch nicht durch Tests bescheinigen lassen.

Die einzige Behandlung, die sie weiterführten, war, dass sie sich dem Leben zuwandten und die Schönheit des Lebens genossen. Sie ließen das Leben ihre Herzen regieren und nicht die Vorhersagen des Todes, auch nicht die Krankheit in all ihren Formen. Sie schauten auf das Leben, den ganzen Tag. Sie ließen die Gedanken an das Leben ihren Geist erfüllen. Sie füllten ihre Herzen mit Dankbarkeit statt Angst.

Bald darauf und ohne zu wissen, was sie da taten, strichen sie auch den Tod aus ihren Erfahrungen, bis nur noch Leben und Ganzheit übrig geblieben war. Sie ließen die ‚Affen und Drachen' hinter sich, indem sie sich auf den ‚Weg zum Leben', der direkt vor ihnen lag, konzentrierten.

Die zweite Geschichte ist sehr ähnlich. Das junge Paar war erst ein paar Jahre verheiratet, als der Frau die Diagnose Leukämie gestellt wurde. Ihr religiöser Glaube schloss die übliche medizinische Routine aus. Ein Elternpaar besaß ein kleines Haus. Es befand sich in einer ländlichen Umgebung, die wunderschön war. Sie zogen dorthin mit der Absicht, die Zeit, die ihnen noch blieb, miteinander zu genießen.

Jeden Tag trug der Mann seine Frau hinunter zum Fluss, nahm eine Decke und einen Picknickkorb mit. So vergingen die Tage, in denen sie jedes kleine Detail der einzelnen Wunder der Natur bestaunten und die Erneuerung der Natur im Frühling um sich herum wahrnahmen. Sie ließen ihre Herzen mit Liebe und Leben füllen, lebten jeden einzelnen Tag ganz bewusst und waren für jeden neuen Tag dankbar, der ihnen geschenkt wurde. Auch sie sprachen nicht über das Problem. Stattdessen beteten sie und beteuerten, dass ihr Leben in den Händen von *Dem* liegt, der sie geschaffen hat und nicht in der Gnade eines Zufalls oder einer Krankheit. Sie glaubten daran, dass sie sich Gott hingeben konnten, aber sie würden sich *nie* der Krankheit hingeben. Sie füllten ihre Herzen, ihren Geist und ihre Vision von der Zukunft mit Güte und Schönheit.

Die Frau wurde auch immer stärker und stärker, bis sie dann schließlich darin übereinstimmten, dass das Licht stärker war als die Dunkelheit und dass der Tod dem Leben gewichen ist. Ein Jahr später zogen sie weg von dem Platz, den sie ,ihren geheimen Platz unter den Schatten seiner Flügel' nannten und lebten gemeinsam weiter.

Sie blieb geheilt. Das ist auch ein Beispiel dafür, nicht auf die ,Affen und Drachen' zu schauen, sondern den Fokus und das Ziel auf den ,Weg zum Leben' zu richten. Nicht, um Gott zu manipulieren, indem wir nur das tun, was wir meinen tun zu müssen, sondern um täglich das Leben zu genießen, das unser ist. Unabhängig davon, was dabei herauskommt. Das ist totale Hingabe.

Sich nicht den Umständen hingeben. Sich nicht auf den „Zufall" verlassen, so wie die, die eine fatalistische Einstellung zum Leben haben. Nicht vor dem Unausweichlichen aufgeben, aber sich auch nicht widersetzen. Stattdessen, sich dem Geist der Liebe und des Lebens hingeben und sich der Güte Gottes hingeben. Sich auch nicht am herkömmlichen Gottesbild festhalten, an einem Gott, der es zulässt, dass Bomben auf uns fallen. Sich einfach Gott hingeben, der Alles ist und nur Gott.

Aber was genau ist der ,Weg zum Leben'? Ich wusste, dass ,die Affen und Drachen' genau das waren, was uns auf jedem Gebiet unseres Lebens unserer Ganzheit und unseres Glücklichseins beraubt. Es brauchte viele Jahre und eine Unzahl von Erfahrungen, bis ich anfing, vollständig zu begreifen, was mit *dem Weg* gemeint war. Es fühlte sich an, als würde ich an die Hand genommen und von einem kleinen Schimmer Erkenntnis zum nächsten geführt werden – von einem einzelnen Lichtstrahl bis dorthin, wo ich zum Schluss den vollen Sonnenaufgang sehen konnte.

An dieser Stelle kommt die am meisten gestellte Frage, die da lautet: "Geht das denn, sich nicht den Umständen hinzugeben und sich trotzdem mit den Ereignissen, die auf einen niedergeprasselt kommen, zu beschäftigen?" Mit anderen Worten: „Gibt es je eine Zeit, zu der man menschliche Schritte unternehmen muss, während man gleichzeitig das Problem auf einer spirituellen Ebene behandelt?“ Und die Antwort ist: „Absolut!“ Jetzt kommt die Weisheit ins Spiel, die uns durch solche Situationen leitet und führt. Jedoch kann die Weisheit nur gehört werden, wenn die Angst beiseite geschoben wird und wenn eine innere Stille und ein bestimmter Grad an Ruhe vorhanden sind.

In den vorherigen Geschichten gab es nichts, was an menschlicher Anstrengung noch hätte geleistet werden müssen, zumindest nichts, was zu einem anderen Resultat geführt hätte. Leider erdulden viele Leute unkluge und manchmal sogar barbarische Vorschläge, die ihnen gemacht werden, wenn sie mit schrecklichen Neuigkeiten konfrontiert werden. Lösungen, die oft schlimmer sind als das eigentliche Problem. Sie sind gefühlsmäßig in ihrem Denken wie paralysiert – und zu oft ziehen die Personen in verantwortlichen Positionen, die diese Vorschläge machen, ihren eigenen üblen Vorteil daraus. Man braucht eine funktionierende Beziehung zur Weisheit, um in solchen Zeiten den Durchblick zu bewahren.

Ich erinnere mich an eine junge Mutter mit einer dreijährigen Tochter, die die Nachricht erhielt, dass ihr Kind an einem bösartigen Gehirntumor litt. Sie war eine emotional stabile junge Frau, die es gewöhnt war, mit Problemen auf eine reife, wohl durchdachte Art umzugehen. Sie bestand auf ein paar Tagen Bedenkzeit, um ihre Gedanken zu sortieren, bevor sie zurückging, um sich die Optionen anzuhören. Ihre Antwort war einfach und direkt.

„Wenn ich erlaube, dass meine Tochter operiert wird, können Sie dann alles entfernen, ohne ihre Fähigkeit, normal zu funktionieren, zu zerstören?“ Als ihr gesagt wurde, dass sie nur 80% des Tumors entfernen könnten und dass er wieder kommen würde, lehnte sie das Angebot respektvoll ab. Ihre nächste Frage, als sie mit Bestrahlung als Option zur Operation konfrontiert wurde, war: „Wenn ich dem zustimme, wird das ihr Leben retten?“. Traurig sagten sie ihr, dass es das nicht tun würde. Und wieder lehnte sie respektvoll ab. Sie verstanden, dass sie es hier mit einer klar denkenden Person zu tun hatten, die man nur mit einem triftigen Grund überzeugen konnte.

Deshalb boten sie ihr nicht einmal die Chemotherapie an. Sie dankte ihnen, verließ sie mit ihrem Kind in den Armen und sagte, dass sie wüsste, dass die Ärzte für sie da sein würden, falls sie diese in der Zukunft einmal brauchen sollte. Sie brachte ihre Tochter nach Hause in das große Schlafzimmer und schloss die Tür hinter sich. Sie kam nie heraus, empfing keine Anrufe oder Besucher. Sie diskutierte auch mit keiner anderen Menschenseele über ihre Situation, bis ihre Tochter geheilt war. Es dauerte drei Monate. Sie betete um Führung, in dem vollen Glauben, dass Gott sie Schritt für Schritt zu einem lebensfähigen Ausgang der Situation bringen würde. Sie sang Hymnen, las laut Geschichten aus der Kinderbibel vor, ließ die ganze Nacht, auch während sie schliefen, ein Endlosband mit Geschichten aus der Bibel laufen und umgab sich und ihre Tochter mit einem Umfeld, das auf Hoffnung, Glaube und Leben ausgerichtet war. Ihr Mann kochte und kümmerte sich um den Sohn, fing alle Besucher und Anrufe ab. Ich hatte noch fünf Jahre später zu ihnen Kontakt. Sie sprachen nie über das Problem und es kam auch nie zurück.

Es geht hier nicht so sehr darum, was man in der Situation macht oder auch nicht, sondern es ist nur wichtig, warum man etwas tut oder warum man es unterlässt. Antworten wir auf die Weisheit oder antworten wir auf die Angst? Sind wir geführt durch die ‚göttliche Weisheit' oder davon, was wir medizinisch oder ‚glaubensmäßig' tun sollten? Sind wir von der ‚göttlichen Weisheit' geführt oder von dem, was unsere Familien, Freunde oder religiösen Doktrinen uns vorschreiben, was wir zu tun hätten?

Als Kontrast gab es einen Vorfall aus meiner eigenen Erfahrung, wo die Heilung durch ein spirituelles Verständnis kam, ich aber wusste, dass ich trotzdem medizinische Hilfe benötigen würde, um die Heilung zu unterstützen, während ich innerhalb der Grenzen der Situation lernte und wuchs.

Ich erwachte eines Morgens nachdem ich geträumt hatte, dass mein Haus brannte. Eigentlich brannte nicht das ganze Haus, sondern nur der Keller. Die Flammen kamen zu allen Seiten heraus, aber kurioserweise fing das Haus selbst keine Flammen. Ich rannte hinein und hinaus und rettete, soviel ich konnte, bevor der Fußboden so heiß wurde, dass ich nicht länger auf ihm laufen konnte. Als ich das letzte Mal aus dem Haus lief, bemerkte ich einen Mann, der vor der Tür auf der Veranda stand, scheinbar unbeeindruckt von der Gefahr des Rauches und der Flammen. Ich stoppte meine Aktivitäten und schaute ihn an. Er war so ungezwungen und lässig mit seinen Händen in den Taschen. Er nannte meinen Namen. „Michele, hab keine Angst vor dem, was passiert. Dein Haus wird nicht niederbrennen. Dein Fundament wird errichtet. Gib Acht auf das, was du siehst.“ Damit erwachte ich und mein erster Gedanke war: “Oh und was jetzt!“

Ich musste nicht eine Sekunde auf die Antwort warten. Sobald ich aus dem Bett aufstehen wollte, durchfuhr mich ein unerträglicher Schmerz, wie ich ihn noch nie gefühlt hatte und ich fiel zu Boden. Ich rang nach Luft. Mein linker Lungenflügel fühlte sich an, als wäre er von einer Kanone getroffen und ich lief dunkelblau an. Im Krankenhaus stellte man die Diagnose, dass mein linker Lungenflügel kollabiert war und dass durch diesen Druck mein Herz auf die rechte Seite meiner Brust gedrückt wurde. Sie haben einen phantasievollen Namen dafür (spontaner Pneumothorax mit mediastinaler Verlagerung). In der Notaufnahme schnallten sie mich mit Gurten fest, rammten mir so etwas Ähnliches wie ein Stahlrohr in die Seite und führten einen Schlauch in meinen Brustkorb ein. Sie schlossen diesen an eine geschlossene Unterwasserdrainage an und beförderten mich auf die Intensivstation, wo ich die nächsten zwei Wochen bleiben musste. Ich war mit Schläuchen, die in mich oder von mir weg führten, die an alle Stellen angebracht wurden, wo es nur möglich war, einen Schlauch einzuführen, an jede erdenkliche Maschine angeschlossen. Ich glaube, sie haben noch weitere neue Stellen entdeckt. Während dieser ganzen Zeit erinnerte ich mich an meinen Traum und ich hielt meinen Fokus weg von ‚den gefährlichen Affen und den beängstigenden Drachen’. Ganz im Gegenteil, es hielt mich zentriert in der Präsenz und Zärtlichkeit von Gott.

Irgendwie gelang es mir, mich in indischem Stil auf meinem Bett aufzusetzen und Gitarre zu spielen, verwickelt in ein Spinnennetz von Schläuchen. Ich saß und spielte und sang dasselbe Lied tage- und wochenlang. Ich weinte sehr viel, aber nicht vor Schmerzen oder aus Angst. Trotz der Schmerzen, für die ich zahlreiche Morphiumspritzen brauchte, fühlte ich umfassenden Frieden, wie ich ihn nie zuvor erlebt hatte. Ich weinte aufgrund des außerordentlichen Gefühls von Zärtlichkeit, welches ich um mich herum verspürte. Noch nie vorher hatte ich von solch einer Zärtlichkeit gehört. Einmal, als ich meine Augen öffnete, standen da plötzlich drei Krankenschwestern an meinem Bett, die genau wie ich weinten und dasselbe Lied mit mir mitsangen.

Zu dieser Zeit war ich eine der Predigerinnen in der Kirche, deshalb strömten die Besucher den ganzen Tag über ein und aus und das täglich. Wenn sie kamen, dann reichte ich ihnen die Bibel und ohne ein Wort zu sagen, lasen sie mir laut vor, immer an der Stelle beginnend, wo der vorhergehende Besucher aufgehört hatte. Und so ging das Tag für Tag.

Es wurde angenommen, dass sich die Lunge innerhalb von ungefähr drei Tagen von selbst schließen würde. Als aus den Tagen dann zwei Wochen wurden und sich die Situation immer noch nicht gebessert hatte, fand ich einen Chirurgen vor mir stehen, der mir sagte, dass sie mich am nächsten Morgen operieren würden, um die Lunge „wie mit Sandpapier abzuschleifen“. Er sagte, diese Prozedur produziere ein Narbengewebe, das am Brustkorb haftet. Dadurch würde die Lunge künstlich an der Stelle festgehalten, an die sie hingehöre. Innerlich fragte ich mich, ob er das wohl die Nacht vorher in einem Alptraum geträumt hätte. Als ich nicht sehr respektvoll ablehnte, fragte er mich ärgerlich, welchen Vorschlag ich denn zu machen hätte. Ich sagte ihm, ich würde warten und dass dies alles sei, was die ‚göttliche Weisheit‘ mir zu tun eingegeben habe. In jener Nacht rief ich nach meinem guten Freund und Pfarrerkollegen, Bruder Bob, wie wir ihn immer zu nennen pflegten. Er und seine Frau kamen spät, nachdem die Besuchszeit schon vorbei war. Ohne ein Wort lockerer Begrüßung kam er gleich auf den Punkt. Er musste meinen Ruf wohl erwartet haben, da er genau wusste, was er mir sagen wollte.

Zuerst fragte er mich, ob ich meinte, dass Gott mich strafe. Als ich antwortete: „Nein!", lächelte er und fuhr fort. Dachte ich, dass Gott mir dies antun würde, um mich etwas zu lehren? Diesmal sagte ich: „Ja." Er machte eine kurze Pause und sagte sanft: „Warum *sagt* Er dir dann nicht einfach, was du wissen sollst? Warum lässt Er dich leiden, um deine Aufmerksamkeit zu bekommen?" Ich verstand, dass ich falsch geantwortet hatte und wartete auf seine Antwort. Alles, was er mir sagte, war, dass ich ein „himmlischer Ausdruck von Ihm selbst, von Gott" sei. Das, sagte er, sei alles, was ich wissen müsse.

Ich erinnere mich, dass ich mich fragte, ob das, was er sagte, ketzerisch sei und wir jetzt wirklich in großen Schwierigkeiten wären! Aber tief in mir drinnen wusste ich, dass seine Worte wahr waren. Schwierig zu akzeptieren, aber nichts desto trotz wahr. Als ich ihn um ein Glas Wasser bat, antwortete er mit: „Für meinen Gott würde ich alles tun." Als ich ihn bat, das Kopfteil meines Bettes etwas niedriger zu machen, antwortete er nochmals: „Für meinen Gott würde ich alles tun." Dasselbe passierte, als ich darum bat, die Zufuhr des Sauerstoffs etwas zu reduzieren und als ich nach der Morphiumspritze verlangte: „Für meinen Gott würde ich alles tun", das war alles, was er für den Rest seines Besuches sagte. Als er gegangen war, fiel ich in den tiefsten Schlaf, den ich gehabt hatte, seit meine Lunge kollabiert war und wachte nicht vor dem nächsten Morgen auf. Ich nahm zwei Dinge wahr, als ich erwachte. Eines war, dass der Raum voller Licht war. Es war nicht das Licht der Lampen in diesem Raum, sondern ein schillerndes Licht. Das zweite war ein kleiner, dicker, blauer Vogel, der auf dem Fenstersims saß, seinen Kopf nach hinten streckte und aus voller Kehle sang. Sein Lied erfüllte den Raum und mein Herz.

An diesem Tag wurde bestätigt, dass die Lunge sich geschlossen hatte. Die Schläuche wurden entfernt und am nächsten Tag wurde ich entlassen. Seitdem war ich nicht mehr dieselbe Person. Ich erinnerte mich an die Worte von Jesus, als er sagte: „Wenn du mich gesehen hast, dann hast du meinen Vater gesehen, denn ich und der Vater sind eins." An jenem Tage erkannte ich, dass er nicht nur von sich sprach, sondern von all den Söhnen und Töchtern Gottes, die eins mit Ihm sind.

KAPITEL VIER

VERKEHRSSCHILDER AUF DEM WEG

In den darauf folgenden Jahren hatte ich die Möglichkeit, Teil einiger Heilungen zu sein, die eine Menge Fragen in mir aufwarfen. Wie ich bereits erwähnt habe, war ich damals Mitglied in einer Kirche. Es war eine Gruppe, die sich von den gängigen Konfessionen abgespalten und ernsthafte Untersuchungen der Bibel und der Heilungen unternommen hatte. Ich war ebenfalls an einem Punkt der Ernüchterung angelangt, an dem mir die Heilung von Krankheiten auf der konventionellen, der medizinischen Schiene anfing, barbarisch zu erscheinen. Es geht um die Tatsache, dass unabhängig von der angewandten Methode immer noch Patienten an Krankheiten starben, oder dass sie bestenfalls Medikamente einnahmen, um mit ihren Leiden zu leben. Die Suche nach Heilungsmethoden interessierte mich immer mehr, doch kannte ich noch keine Alternativen. Somit arbeitete ich weiter – nun auf einer Intensivstation.

Der gängige medizinische Ausdruck, der benutzt wurde, wenn jemand außerhalb des Parameters medizinischer Behandlung geheilt wurde, heißt ‚Spontanheilung'. Bis vor vierzig Jahren sprachen die meisten Mediziner über die regenerative Kraft Gottes nur mit Widerwillen, wenn sie über den Prozess der Heilung diskutierten. Außerdem räumten sie dem spirituellen Element ihrer Patienten keinen Platz ein. Trotz allem stellte ich fest, dass Heilungen ein Ergebnis metaphysischer und spiritueller Aktivität, also ein Vorgang jenseits dessen, was man sehen kann, waren. Heute glaube ich, dass dies der uneingeschränkte, unbelastete Fluss von etwas ist, das immer präsent ist und was die Bibel den ‚Geist des Lebens' nennt.

Ich muss mich auf diese Ereignisse beziehen, da ich fühle, dass sie es waren, die mich dazu brachten, festzustellen, dass es andere Wege der Heilung gab.

Das Erforschen dieser Aspekte ermutigte mich sehr, aber, wie es oft der Fall ist, öffnete dies die Türe für so viele weitere Fragen, anstatt die Fragen, die ich hatte, zu beantworten.

Den Körper heilen

Eine der ersten Heilungen war ein Mann, der während der Pfirsichernte von einem Baum gefallen war. Die Folge war eine ‚eingedrückte Schädelfraktur'. Die linke Seite seines Kopfes war so sehr eingedrückt, dass sein linkes Auge fast auf seiner Backe lag. Es erübrigt sich zu erwähnen, dass er bewusstlos war. Er war an jede erdenkliche Maschine angeschlossen. Er hatte einen Luftröhrenschnitt mit einem Tubus in seinem Hals, in dessen Wunde sich eine Staphylokokkeninfektion entwickelt hatte, was ihn auf die Isolationsstation gebracht hatte. Offensichtlich wurde erwartet, dass er sterben würde. Keiner veranlasste, ihn zu operieren oder versuchte, das unvermeidliche Ergebnis zu verändern.

Wenn man Patienten in Isolation betreut, muss man einen Spezialanzug, Handschuhe und eine Gesichtsmaske tragen und sich vorher gründlich reinigen. Dies muss jedes Mal wiederholt werden, wenn man das Zimmer betritt. Wegen dieser Prozedur arbeitete keiner gerne auf der Isolationsstation. Mir machte es nichts aus, da es mir für eine kurze Zeit die Möglichkeit gab, alleine zu sein. Ich sang die Lieder, die ich in den Gottesdiensten meiner Kirche gelernt hatte. Ich hatte das Gefühl, dass dies dem Mann Frieden geben würde, obwohl er bewusstlos war. Ich versicherte mich, dass die Sprechanlage zum Schwesternzimmer ausgeschaltet war und ich summte und sang während ich ihn pflegte, das Zimmer reinigte, etc. Kurz darauf fühlte sich der Raum *lebendig* und mit einer zärtlichen, ‚göttlichen Liebe' geschwängert an. Eines Nachts nach ungefähr vier Stunden summen und singen hörte ich plötzlich eine Stimme: „Ich möchte, dass du ihn heilst!"

Die Worte waren wie Gedanken, jedoch schossen sie durch meinen Geist und unterbrachen alles, was ich sonst in diesem Moment dachte. Es gab im Zusammenhang mit diesen Worten keine Anleitung, wie ich dies tun sollte, aber ich hatte das Gefühl, dass ich nicht viel falsch machen konnte, da es ohnehin geschehen würde.

Ich ging zu ihm hin und flüsterte, was ich gerade gehört hatte. Ich legte meine Hände auf den Verband, der um seinen Kopf gewickelt war und segnete ihn mit Gottes Heilung. Das war alles. Ich machte weiterhin meine Arbeit und ging nach Hause.

Als ich zwei Tage später zurückkam, ging der junge Mann von zwei Leuten gestützt in der Halle spazieren. Später implantierten sie eine Metallplatte in seinen Kopf und schickten ihn ins Veteranenkrankenhaus (VA) zur Rehabilitation. Ich habe niemandem im Krankenhaus etwas davon erzählt. Ich hätte dies ohnehin nicht getan, da sie so sehr dagegen waren, Medizin und Religion zu vermischen. Erst Jahre später lockerten sie dies auf. Nichtsdestoweniger war ich erstaunt über das, was sich ereignet hatte und hielt es voller Verwunderung in meinem Herzen.

Die Seele heilen

Kurz darauf wurde ein Mann mit einem Hodgekin–Tumor in seiner Wirbelsäule auf unsere Station eingeliefert, der nicht mehr laufen konnte. Der Mann war ärgerlich und einschüchternd. Er trug eine Art Pistole bei sich, hatte einen kahl geschorenen Kopf und trug einen Nadelstreifenanzug. Das Krankenhaus stand mitten in einem von der Mafia dominiertem Gebiet und wir schlossen daraus, dass er der Mafia angehörte. Obwohl er sich zuerst weigerte, seine Waffe abzugeben, tat er dies schließlich doch.

Er schrie jeden an, der das Zimmer betrat. Einmal schüttete er aus Zorn den Inhalt einer vollen Urinflasche an die Wand. Er war vollständig bettlägerig und sowohl sein Pfeifentabak als auch sein Urin waren über alle Betttücher verteilt. Es erübrigt sich zu sagen, dass er schwer zu handhaben war. Keiner wollte ihn pflegen. Am Tag nach seiner Operation ging ich in sein Zimmer und stellte fest, dass der Pfarrer oder jemand anderes eine Broschüre auf das Nachtkästchen gelegt hatte. Ich nahm sie und er fragte mich, ob ich ‚eine dieser religiösen Weiber' sei.

Normalerweise korrigiere ich den Begriff *religiös*, da er in mir sehr negative Assoziationen auslöst. Er bringt Bilder von fanatischen Fundamentalisten hoch, die sich auf die Bestrafung der Leute freuen, die nicht so religiös sind wie sie selbst. Sicherlich wollte ich nicht mit dieser Art von Gedankengut in Verbindung gebracht werden. Stattdessen bevorzuge ich den Ausdruck *spirituell.* Diesmal jedoch hatte ich nicht das Gefühl, darüber sprechen zu wollen und ich sagte einfach nur: „Ich glaube an Gott."

Zu meinem Erstaunen begann er zu weinen. Er bat mich, ihm von Gott zu erzählen! Ich entschuldigte mich und verließ den Raum. „Gott, ich will alles tun, worum du mich bittest, aber bitte zwinge mich nicht, mit diesem Mann zu sprechen!" Ich war ebenso eingeschüchtert wie alle anderen auch. Aber der Raum war in diesem Moment *lebendig* und voller spiritueller Aktivität und ich wusste, dass ich mit ihm sprechen musste. Ich betrat das Zimmer erneut. Egal, was ich betete: Ich musste da durch! Ich setzte mich neben ihn und er stellte mir viele Fragen. Eine Stunde lang beantwortete ich geduldig seine Fragen mich auf das verlassend, was ich zu wissen glaubte und was ich von Gott gelesen hatte.

Ich erzählte ihm, Gott sei Liebe. Nicht ein Gott, der liebt, sondern die reine Liebe selbst. Ich erzählte ihm, dass Gott kein Gott der Bestrafung und des Schmerzes sei, sondern dass Er uns immer liebt, heilt und wiederherstellt. Wiederum begann der Mann zu weinen und umarmte mich. Er fragte mich, was er tun müsse, um diese Liebe zu fühlen. Ich sagte ihm, zuerst solle er dankbar dafür sein, dass er dahin geführt wurde, dieses Wissen zu wünschen. „Gottes Liebe ist darin offensichtlich, dass Sie ihn kennen lernen möchten. Er ist der Eine, der Sie zu sich zieht. Wenn Sie Ihm Ihr Herz öffnen und danken, werden Sie sehen, dass Liebe die Vergangenheit auslöscht und wegwischt." Wir beteten gemeinsam und lasen aus der Bibel, die ich zu meinem Examen geschenkt bekommen hatte. Ich gab ihm die Bibel zu lesen und schlug das Johannes-Evangelium auf. Den ganzen Tag, wann auch immer ich nach ihm schaute, las er in der Bibel. Am nächsten Morgen, als ich meine Runde machte, betrat ich sein Zimmer, um nach ihm zu sehen. Zu meinem Erstaunen war er tot. Offensichtlich erlag er einer Lungenembolie, was eine gängige Komplikation bei dieser Art von Operation ist. Er starb friedlich in seinem

Schlaf und hielt noch immer die kleine Bibel in seiner Hand.

Ich stand ruhig in jenem Raum, während alle anderen geschäftig hin und her rannten. Ich hatte solch ein unheimliches Gefühl und konnte fast die Flügel der Engel umherflattern spüren. In diesem Moment hatte ich das überwältigende Gefühl, dass Gott mit mir ist und mich leitete, weit mehr als ich es mir jemals hätte vorstellen können. Da dies gleich nach dem ersten Ereignis geschah, begann ich zu fühlen, dass ich von einer übernatürlichen Kraft in wer – weiß – was getragen wurde. Wieder gab es so viele Fragen in meinem Kopf. Ich fühlte, dass die Fragen schneller kamen als die Antworten.

Können wir zwischen Leben und Tod wählen?

Ich glaube, es war nicht einmal eine Stunde nach jenem Vorfall, als eine neue Situation mein Verständnis wachrüttelte.

Eine Frau mit einer schweren rheumatischen Arthritis wurde auf die Station eingeliefert. Sie war absolut der schlimmste Fall einer Verkrüppelung, den ich je gesehen hatte. Sie schien zwischen sechzig und siebzig Jahre alt zu sein. Eigentlich war sie noch nicht in einem Stadium, das auf den kommenden Tod hindeutet. Umso verblüffender war es daher, dass es uns allen eigentlich klar war, dass sie trotzdem bald sterben würde. Niemand wusste warum, denn alle Untersuchungen hatten normale Werte ergeben. Ich setzte mich auf ihr Bett und sprach mit ihr, um zu versuchen, mehr über die Situation zu erfahren, als sie plötzlich herausplatzte und sagte, dies sei ihre eigene Wahl gewesen. Sie erzählte, sie habe mitbekommen, dass ihre Schwestern, die sie bisher betreut hatten, nun dabei waren, sie in ein Pflegeheim einzuweisen. Lieber wollte sie sterben, als dorthin gehen zu müssen.

Ich saß nur da, sehr jung und naiv. Dies war das erste Mal, dass ich einer Person gegenüber saß, die ganz klar den Tod wählte. Ich war geplättet. Bis dahin hatte ich geglaubt, dass jeder alles tun würde, was in seiner Macht lag, um dem Tod zu widerstehen. Außer in Fällen von freimütigem Selbstmord konnte ich mir nicht vorstellen, dass der Tod dazu benutzt werden konnte, um anderem Leid zu entfliehen. Gleichzeitig fragte ich mich: „Kann jemand dies wirklich tun? Haben wir solch eine Macht? Haben wir eine Wahl zwischen dem Leben und dem Sterben? Können wir diese Wahl selbst treffen?“

Schließlich sagte ich: „Woher wissen Sie, dass Sie, wenn Sie vor einer Herausforderung davonlaufen, dieser nicht irgendwann auf Ihrem Weg erneut gegenüberstehen?“

Während ich dachte, hoch philosophisch gewesen zu sein, wurde sie beweglich. Diese Frau, die vorher nicht fähig war, sich zu bewegen, saß plötzlich aufrecht in ihrem Bett. (Ich könnte fast schwören, dass ich sah, wie sich ihre Zähne in ein Raubtiergebiss zu verwandeln schienen und ihre Augen rot wurden.) Sie schrie: „Raus hier!“ Sie bedrohte mich, sodass ich aus dem Zimmer floh! Ungefähr zwei Stunden später starb sie.

Dieses Ereignis ließ mich erstarren. Ich fühlte mich, als hätte ich alles falsch gemacht. Aber was am schlimmsten war, ich hatte so viele unbeantwortete Fragen. Ich war überzeugt, dass hier viele Kräfte hinter den Kulissen tätig waren und irgendwie war ich in ihrer Mitte gefangen. Weiter wusste ich gar nichts. Können Menschen wirklich den Tod wählen? Mir dämmerte, dass dies wahr sein könnte. Und durch diese Wahl würde es wirklich geschehen, vielleicht durch eine Krankheit, einen Unfall oder sonst etwas. Wenn dem so ist, ist es uns auf die gleiche Weise möglich, das Leben zu wählen? Und würden wir durch diese unsere Wahl wirklich leben?

Offensichtlich haben wir eine wesentlich größere Fähigkeit zu wählen, als ich vorher wahrgenommen hatte. Ich habe Krankheit immer als etwas gesehen, das Menschen zu Opfern macht. Ich dachte, die Menschen seien hilflos, wenn Krankheit sie angriff. Ich dachte, Krankheit würde zufällig angreifen, ohne Unterschiede zu machen. Nie kam es mir in den Sinn, dass wir Teil dieser Ereignisse sind und jene Ereignisse durch unsere Wahl beeinflussen können.

Und wenn dem so ist, zu welchem Grade sind wir bewusst oder (normalerweise) unbewusst daran beteiligt?

Eine Sache war klar für mich: Ich wurde absichtlich dahin geführt, um diese Dinge zu beobachten. Auch wusste ich, dass ich keine persönliche Kontrolle über die geschehenen Heilungen hatte. Des Weiteren wusste ich nicht, warum eine Person auf diese Art und Weise geheilt wurde und eine andere nicht. Dies beschäftigte mich während vieler Jahre. Erst Jahre später konnte ich es verstehen.

Die Gesetze der Krankheit herausfordern

Während ich über diese Gedanken betreffs Leben und Tod nachdachte, erinnerte ich mich an eine Patientin, die ich in meiner Ausbildung als Krankenschwester betreut hatte. Jetzt verstand ich ihre Geschichte besser.

Als Auszubildende war ich so etwas wie ein Schwamm gewesen und hatte jedes Wort aufgesaugt, das mir gelehrt worden war. Ich hatte es geliebte zu lernen und ich war eine gute Schülerin gewesen. Ich war von der Medizin und von jedem ihrer Aspekte fasziniert gewesen. Jedoch gab es einen Vorfall, der sich ereignete und mich aus der uneingeschränkten Akzeptanz, dass alles, was mir gesagt wurde, die absolute Wahrheit sei, wachrüttelte.

Schon sehr früh lernte ich, dass Krankheiten bestimmte festgesetzte Charakteristiken und *Gesetze* haben, die mit den entsprechenden Beschwerden in Zusammenhang stehen. Unabhängig von der Art der Krankheit gibt es definierte, voraussagbare Muster und Erwartungen, die die Krankheit begleiten. So wird es gelehrt, geglaubt, erwartet und die Erfahrung hat dies bestätigt. Es gab nie einen Grund, dies in Frage zu stellen. Damals gab es auch für mich keinen Grund dazu.

Bis eines Tages eine Frau mit einem Schlaganfall ins Krankenhaus eingeliefert wurde. Sie war rechtsseitig gelähmt und konnte nicht sprechen. Es wurde erwartet, dass sie den Rest ihres Lebens in diesem Zustand verbleiben würde. Der Plan war, sie zu stabilisieren und dann zur Langzeitpflege bis zu ihrem Tod in ein Pflegeheim zu schicken.

Ich stellte fest, dass sie keine Besuche bekam, deshalb verbrachte ich viel Extrazeit mit ihr. Bald wurden wir gute Freunde. Ich bemerkte, dass sie versuchte zu sprechen und sich zu Dingen zwang, die für jemanden mit einem Schlaganfall normalerweise *unmöglich* sind. Ich kann sagen, dass sie diese Dinge versuchte, um mir damit eine Freude zu machen. Ich wollte sie nicht ermutigen, da ich nicht wollte, dass sie enttäuscht würde, falls es nicht klappte. Ich habe aber auch nicht versucht, sie davon abzuhalten. Ich beobachtete sie nur.

An einem frühen Morgen rannte ich den Gang entlang an ihrem Zimmer vorbei, verspätet für den Bericht. Ich winkte ihr zu, während ich vorbeieilte, machte dann schreiend Halt und lief zu ihr zurück. Sie war nicht in ihrem Bett, aber die Seitengitter waren oben und die Bettdecken noch verknittert. Eine Sekunde lang dachte ich, sie sei über Nacht gestorben und ich fror. Dann sah ich etwas, was ich nie für möglich gehalten hätte. Sie war über die Seitengitter ihres Bettes geklettert und spazierte quer durch das Zimmer. Sie setzte sich auf einen Stuhl mit einem riesig stolzen Lächeln auf ihrem Gesicht. Diese Frau machte noch weitere Fortschritte und lief und sprach bald wieder – Dinge, von denen behauptet wurde, dass sie diese niemals mehr hätte tun können. Etwas jenseits der hartnäckigen und unnachgiebigen Symptome dieser Beschwerden, denen der Glaube der Menschen so viel Macht gegeben hatte, motivierte sie. Etwas wie der Geist des Lebens stieg in ihr auf und sagte: „Nein!“

Dies war ein Wendepunkt in meinem Denken. Wenn diese Frau dies tun konnte, welch andere Gesetze der Krankheit könnten herausgefordert und besiegt werden? Was waren die erforderlichen Faktoren? Was ist verfügbar für alle, die es wünschen? An jenem Tag verlor die Krankheit mit all ihrem Schrecken und ihrer hässlichen Zerstörung, die sie in die Gesichter ihrer Opfer schleudert, etwas von ihrer Macht und Substanz für mich.

KAPITEL FÜNF

ÜBERGANGSGEDANKEN UND ERFAHRUNGEN

Nach zehnjähriger Tätigkeit als medizinische Assistentin und Krankenschwester im Krankenhaus verließ ich diesen Bereich für drei Jahre und arbeitete als Krankenschwester an einem Theologischen Lehrzentrum, also einer Bibelschule. Ich kümmerte mich um alle physischen Probleme der dreihundert Menschen, die dort lebten und half mit, alle Babys auf die Welt zu bringen. Ich wollte mehr Zeit mit meinen Töchtern verbringen, die Bibel studieren und versuchen, Antworten auf meine zahllosen Fragen zu bekommen. Ich begriff, dass ich, obwohl ich so viel von Gott hörte, Ihn nicht wirklich kannte. Ich wusste nicht viel mehr als das, was ich alle sagen hörte. Ich wusste, dass die Antworten von Gott selbst kommen mussten und ich erwartete mit meinem ganzen Wesen, dass sie das tun würden. Es gab eine Bibelstelle, die ich in diesen Tagen ständig in meinem Kopf hatte: „Es wird euch gegeben, die Mysterien von Gottes Königreich zu erkennen." Ich glaubte daran und drängte vorwärts.

DRITTES PRINZIP AUF DEM WEG ZUM LEBEN

„Schau Hinter Das, Was Deine Augen Sehen"

Eines der dramatischsten Ereignisse dieses Zeitabschnittes war die Geschichte eines Mädchens, das von einem ihrer Verwandten, der hier lebte, in das Zentrum gebracht wurde. Ihr Name war Sarah. Sie war ungefähr 25 Jahre alt und lebte seit ihrem dritten Lebensjahr in einer psychiatrischen Anstalt in einer ländlichen Gegend dieses Landes. Sie wurde dort untergebracht, aus welchem Grund auch immer, weil keiner da war, der sie aufziehen konnte.

Ich denke, dass ihre leibliche Mutter eine Patientin der Anstalt gewesen war. Alles, was das Mädchen jemals tat, war brabbeln. Sie konnte nicht reden. Sie schlurfte irgendwie herum und lächelte jeden an. Jeder grüßte sie mit einem freundlichen „Hallo".

Manchmal wurde Sarah sehr aufgeregt und geriet außer Kontrolle. In solchen Zeiten war sie sehr aggressiv und selbstzerstörerisch. Das konnte sie tage- und nächtelang sein, ohne zu schlafen. Einmal haben wir rund um die Uhr für sie gebetet, einer nach dem anderen. Dreihundert Leute hatten einen einzigen Fokus, Sarah heil zu sehen und sie waren bereit, alles zu opfern, damit diese Heilung eintreten könnte. Meine Zwei-Stunden-Schicht war um Mitternacht.

Einmal, kurz bevor ich zu Sarah ins Zimmer gehen wollte, erzählte mir eine meiner Freundinnen einen Traum, den sie über Sarah gehabt hatte.

In ihrem Traum sah sie eine riesige Öltrommel und Sarah war in dieser Öltrommel. Sie war so winzig klein in dieser riesigen Trommel. Sie schlug an die Seite der Trommel und schrie um Hilfe nach jemandem, der sie herausholen solle. Aber die Trommel war so groß und alles, was die Menschen sehen konnten, war nur die Trommel. Niemand konnte Sarah in der Trommel sehen. Und niemand konnte sie hören. Als ich den Traum erzählt bekam, tat mir mein Herz weh für Sarah. Ich erkannte, wie ängstlich und allein sie sich fühlen musste, gefangen in einem Körper und in einem Geist, verloren in hoffnungslosem Wahnsinn.

Ich ging in ihr Zimmer. Sie spuckte die Menschen an, fluchte und babbelte wirres Zeug. Dies dauerte nun schon seit Tagen an. Ich ging zum Kopfende ihres Bettes und sprach direkt in ihr Ohr, sodass sie mich durch den Lärm hindurch hören konnte. Ich erkannte, dass das, was wir sahen, nicht ihre wirkliche Identität war. Die wirkliche Sarah war dort drinnen gefangen, laut schreiend, um befreit zu werden. Ich erzählte ihr diesen Traum und sagte ihr, dass ich bei ihr bliebe, bis es vorbei sei, egal wie lange es auch immer dauern würde. Alles, was ich in dem Moment sehen konnte, war dieses kleine ängstliche Mädchen und ich wusste, dass ich sie nicht im Stich lassen würde. Ich wusste, dass da drinnen eine völlig normale Person existierte und ich sagte ihr dies. Ich sagte ihr, dass Gott ihre Schreie hört und ihre Befreiung wünscht. „Ich werde dich nicht im Stich lassen, Sarah. Ich weiß, dass du mich hören kannst. Ich weiß, dass du mich verstehst."

Alle schauten auf mich, so, als ob ich meinen Verstand verloren hätte. Aber sie nahmen auch wahr, dass etwas vor sich ging und dass sie mich nicht aufhalten sollten oder könnten.

Sarah drehte vollständig durch. Sie zerriss alle Riemen, mit denen man sie festgebunden hatte und wurde richtig wild. Drei Männer mussten sich auf sie werfen, um sie zu beruhigen. Die ganze Zeit über sangen wir immer und immer wieder dasselbe Lied.

Es erschien uns, als würde dies stundenlang andauern. Schließlich stieß sie einen markerschütternden, grauenhaften Schrei aus und fiel in einen erschöpften Schlaf. Ich erinnere mich, dass ich solche Schreie schon einmal gehört hatte, als ich in der Ausbildung zur Krankenschwester für sechs Monate ein Praktikum in einer Nervenheilanstalt gemacht hatte. Sie schlief fast zwei Tage. Als sie aufwachte, war sie vollkommen normal. Eine normale Person. Das blieb auch so während der nächsten sechs Monate, in denen ich in diesem Zentrum arbeitete.

Später erfuhr ich, dass sie einen Rückfall erlitten hatte. Sie kämpfte wieder mit sich. Ich weiß nicht, was Sarah jemals widerfahren war und warum sie wieder einen Rückfall hatte oder wie lange dieser andauerte. Aber dieser Vorfall brannte für immer eine Wahrheit in mein Herz – ein absolutes und ‚göttliches Prinzip': Egal, in welchem Zustand sich eine Person befinden mag, egal, was sie im Außen tut, glaubt oder erfährt – es gibt ein heiles, vollkommenes, perfektes Selbst tief im Inneren eines jeden Menschen. Was wir im Außen sehen, ist nicht das, womit wir uns beschäftigen sollten. Was wir brauchen, ist eine Verbindung zu dem Wesen, das im Inneren einer Person hinter einem Schleier lebt. Dieses Wesen ist göttlich und intakt.

Diese Person ist heil, komplett und unabhängig von äußeren Um ständen oder Situationen.

Jetzt verstehe ich die Worte von Jesus in Matthäus, Kapitel 25: „Das, was ihr für einen meiner geringsten Brüder getan habt, das habt ihr mir getan." Dies war eine heilige Nacht und ich hatte es mit Jemandem zu tun, der wirklich heilig war.

Da begriff ich auch, wie Lara geheilt werden konnte. In dieser Nacht wurde eine Verbindung zu dem heilen, kompletten Wesen tief in diesem kleinen Körper gemacht. Das stärkte dieses Wesen und bestärkte es, sich im Außen zu zeigen. Jetzt begannen sich die Puzzleteile zusammen zu fügen.

KAPITEL SECHS

VIERTES PRINZIP AUF DEM WEG ZUM LEBEN

„Lass den Fluss durch dich hindurchströmen“

Seitdem lehrte und predigte ich in einer Bibelschule in Dallas. Ich war nur eine kurze Zeit dort, aber ich kann mich an einen Vorfall erinnern, der dem Gesamtbild ein weiteres Puzzleteil zufügen würde. Bonnie war ebenfalls Predigerin an der Schule. Leider war sie verkrüppelt und ging an einem Stock. Die meiste Zeit war sie bettlägerig und hatte Rückenschmerzen. Die Ursachen ihrer Beschwerden waren unklar. Eines war jedoch sicher, Bonnie war von Morphium abhängig, das sie gegen ihre Schmerzen nahm. Sie konsultierte viele Neurologen und nach einiger Zeit beantworteten diese ihre Anrufe nicht mehr. Sie fühlten, dass sie alles für sie getan hätten, was in ihrer Macht lag und machten sich nun eher über ihre dauerhafte Abhängigkeit vom Morphium Sorgen.

Schließlich entschied sich die gesamte Bibelschule, gemeinsam in der Gruppe für sie zu beten. Sie taten ziemlich das Gleiche, was ich auf dem theologischen Zentrum gesehen hatte. Die Leute schrieben sich für eine zweistündige Schicht rund um die Uhr ein. Bonnie und eine andere Freundin von mir wohnten im selben Wohnkomplex wie ich.

Eine Nacht beteten diese Freundin und ich gemeinsam für Bonnie. Ich teilte ihr einige meiner vergangenen Erlebnisse und einiges, was ich daraus schlussfolgerte mit. Da das Verständnis, das ich durch Sarah erlangt hatte, noch neu für mich war, dachten wir, wir würden noch einmal versuchen, die Person ‚tief im Inneren' zu erreichen. Ich wusste, dass diese Person noch immer heil, vollkommen und intakt war. Somit setzte ich mich auf Bonnies Bett und begann mit dem ‚Christuswesen' in ihr zu sprechen. Doch je mehr ich redete, desto unruhiger wurde sie, genau wie Sarah damals.

Hier muss ich eine Pause machen und Bonnie beschreiben. Unabhängig von dem Stock, den sie benutzte, um sie beim Gehen zu unterstützen, schien sie zu *gleiten*, wohin auch immer sie ging. Sie war so gelassen und *zentriert* und ich wünschte mir, ich könnte so heiter und gelassen sein, wie sie immer zu sein schien.

Aber als ich zu dieser inneren Person sprach, wurde Bonnie hasserfüllt und bitter, was ihr überhaupt nicht entsprach, wenn sie in ihrem *richtigen* Bewusstsein war. Ich sprach zu ihr und erklärte ihr, dass sie als Abbild Gottes erschaffen wurde und dass Er seine Meinung nicht geändert habe. Das, was nach seinem Ebenbild und seiner Ähnlichkeit erschaffen wurde, war mit Sicherheit unveränderlich und konnte nicht abgeändert werden.

Ich hoffte, dass wir ihr Kraft geben und sie stärken konnten und dass dies das äußere Bild *abwerfen* und sie von ihrem Leid erlösen würde. Wir taten dies gleichzeitig mit vielen eigenartigen Aktivitäten, fast die ganze Nacht hindurch. Ich sprach einfach immer weiter.

Am nächsten Morgen war sie geheilt. Sie war nicht nur schmerzfrei, sondern sie *rannte* über den Parkplatz in die Schule und die Gänge entlang. Sie *glitt* nicht mehr so dahin und war auch nicht mehr so heiter und gelassen. Sie war vollkommen frei und ungehemmt. Sie verhielt sich so, wie sich wohl jeder verhalten würde, der von solch einer versklavenden Existenz geheilt worden war. Die ganze Schule war voller wilder Begeisterung. Dies war für alle ermutigend und selbstverständlich wundervoll für Bonnie.

Eines Abends, zwei Monate später, saßen Bonnie und ich zusammen, gemeinsam mit dreihundert Menschen, die zu einem Gottesdienst in die Schule gekommen waren. Die Person, die den Gottesdienst hätte leiten sollen, war krank und sie waren ohne Prediger. Die Leiterin der Bibelschule kam herauf und fragte, ob vielleicht Bonnie oder ich den Gottesdienst leiten würden. Bonnie wurde nervös und lehnte ab, so erklärte ich mich bereit dazu.

Ich sprach über die Entdeckung der wirklichen Wahrheit im Gegensatz zur Akzeptanz abgetragener religiöser Sätze und der ‚Goldenen Kälber' der traditionellen Religion. Ich ermutigte sie, keine Angst davor zu haben, etwas *nicht zu wissen* und nach der Wahrheit zu suchen. Es ist besser, davor Angst zu haben, dass man *betrogen* wird, wenn man etwas glaubt, weil die Massen es glauben. Ich forderte sie auf, gewillt zu sein, ihre Herzen zu leeren und ohne etwas zu wissen zu Gott in dem Vertrauen zu kommen, dass der Geist der Wahrheit sie lehren und in die allumfassende Wahrheit bringen würde.

Ich sprach über dieses Thema und das Publikum war genauso begeistert, wie ich es war. Sie nickten mit ihren Köpfen und klatschten in die Hände. Alle stimmten mir zu außer Bonnie. Jedes Mal, wenn ich sie ansah, hatte sie ihre Arme vor ihrer Brust verschränkt und starrte mich wütend an. Es war hässlich und lenkte mich ab. Wenn ich in ihre Augen sah, fühlte ich mich nicht mehr in der Lage zu sprechen. Deshalb vermied ich den Blickkontakt mit ihr. Ich bemerkte eine riesige Eifersucht. Ich konnte sie fühlen. Niemals vorher hatte ich dies in ihr wahrgenommen, aber hier war sie, die Eifersucht, so hässlich wie Eifersucht immer ist. Nach dem Gottesdienst sprachen alle mit mir und umarmten mich, als sie kam und sagte: „Da hast du aber eine tolle Show abgezogen!“ Damit drehte sie sich um und ging. Sie sprach nie wieder mit mir.

Kurz darauf verließ ich das College, um eine Stelle in San Antonio anzunehmen. Zu jenem Zeitpunkt war Bonnie wieder bettlägerig, voller Schmerzen und morphiumabhängig.

Was habe ich nun davon gelernt? Glaube ich, dass Gott Bonnie für die Hässlichkeit, die sie in ihr Herz eindringen ließ, bestrafte? Mit Sicherheit nicht. Dies konnte ich sehen.

Gott ist Leben. Und das Leben ist wie ein reißender Fluss, der durch die Ewigkeit fließt. Wir befinden uns in diesem Fluss, unabhängig davon, ob wir im Körper sind oder nicht. Dies macht für das Leben des Flusses keinen Unterschied. Da wir mitten in ihm sind, fließt er durch uns. So lange wir ihm erlauben zu fließen, genießen wir die vielen Vorzüge und wundervollen Wirkungen dieser Anwesenheit von Leben. Es ist die Energie und die Stärke unserer gesamten

Existenz. Manchmal jedoch *unterbrechen* wir durch unsere Ignoranz und unseren Eigensinn den Fluss des Lebens. Er fließt immer noch um uns herum. Wir sind noch immer mitten in ihm. Jedoch sind wir nicht in der Lage, seine Anwesenheit wahrzunehmen oder die Wunder all seiner Eigenschaften und Güte zu fühlen.

Wenn wir den Fluss *unterbrechen*, leiden wir stattdessen. Dies kann sich als körperliches Leid oder genauso gut als irgendeine andere Form von Störung in unserem Leben zeigen. Ein glückliches Herz ist ein glückliches Immunsystem. Augen, die sich auf die Schönheit des Lebens konzentrieren, werden mit Sicherheit nur die Güte des Lebens sehen. Dies wird dann ihr Erbe sein. Aber wenn wir durch die Augen des Hasses, auch des Selbsthasses oder der Selbstverurteilung, der Eifersucht oder des Urteil sehen, werden wir die Hässlichkeit und die Dunkelheit finden, die wir in unserem eigenen Herzen fühlen. Das wird uns Leid bringen. Dies blockiert im wahrsten Sinne des Wortes den Fluss unserer Lebensenergie und verursacht eine Unterbrechung des Flusses, sowie eine Unterbrechung unserer Lebenserfahrungen.

Wahre Heilung kommt durch persönliche spirituelle Entfaltung

Eine andere Sache, die ich durch dieses Ereignis zu sehen begann, war folgendes: Meistens ist es der Fall, dass Sie, unabhängig davon, wer Sie heilt oder wie Sie geheilt werden, derselben Angelegenheit mit Sicherheit auf Ihrem Weg irgendwann erneut gegenüberstehen werden, so lange die Heilung nicht aus der Tiefe Ihrer eigenen Seele heraus, also von Innen kommt.

Seit diesen Ereignissen habe ich viele Male gesehen, dass eine sofortige Befreiung durch viele Kanäle, wie z. B. Gebete, Medikamente oder Entgiftungsprogramme, so wie wir es in unserer Klinik anbieten, geschehen kann. Sogar das Davonrennen vor einer unmöglichen Situation kann manchmal weise sein.

All diese und andere Möglichkeiten sind uns auf unserem Weg zugänglich. Ich glaube, dass uns diese gegeben werden, bis wir eine bessere Fähigkeit haben, uns mit den Wurzeln der Ursachen auseinanderzusetzen. Aber der Tag wird kommen, an dem sich unsere Seele von all jenen Gedanken reinigen möchte, die zu unserer Situation beigetragen haben und an denen wir, vielleicht auch unwissentlich, noch festhalten. Oder es ist ganz einfach der richtige *Zeitpunkt* für uns gekommen, um den nächsten Schritt in ein klareres Verständnis der spirituellen Existenz zu machen.

Was gewinnen wir nun durch diese zwischenzeitlichen Hilfen? Zeit und Reife, ein größeres Wissen, um mit mehr Informationen und einem tieferen spirituellen Verständnis umzugehen.

Aus meinem eigenen Leben, besonders aus meinen jungen Jahren, weiß ich, dass es eine meiner ersten Reaktionen in unannehmbaren Situationen war (und da gab es viele), einfach zu verschwinden. Ich hatte weder das Wissen noch die Reife, mit den Problemen umzugehen. Aber Sie können sicher sein, dass ich Jahre später, als mein Verständnis und meine Gnade gewachsen waren, dahin zurück geführt wurde und all jenen Situationen nochmals, einer nach der anderen, *begegnen* durfte, bis ich lernte, das zu *sehen*, was Gott mir zeigen wollte, um mit Liebe und Stärke darauf antworten zu können.

Sehr oft wurden mir körperliche Beschwerden einfach durch Gebet genommen. Später jedoch, als ich die spirituellen Wahrheiten, die für mich wichtig waren, besser verstehen konnte, erlaubte mir dieses Verstehen sogar, *über* all den Beschwerden und sogar ohne dieselben zu leben.

Bonnie müsste sich also die Negativität in ihren Gedanken ansehen und diese Schritt für Schritt aus ihrer Seele entfernen, bis sie eine dauerhafte Heilung genießen kann. Jener Zeitpunkt wird unausweichlich für sie kommen.

Dies ist nach alledem der Wille der ‚göttlichen Weisheit', nämlich dass ewige Liebe und ewiges Leben unblockiert und ungehindert durch die gesamte Schöpfung fließen kann.

KAPITEL SIEBEN

MEIN ÜBERGANG VON DER MEDIZIN ZUM GANZHEITLICHEN HEILEN

Ich zog nach San Antonio in der Absicht, beim Aufbau einer Bibelschule zu helfen, was jedoch leider nicht stattfand. Ich musste eine Lösung finden: So begann ich wieder, in einem Krankenhaus zu arbeiten. Viel Zeit war vergangen, seit ich das letzte Mal in einer ‚medizinischen Denkfabrik' gearbeitet hatte. Es gab so viele Erfahrungen, die ich während der letzten Jahre gemacht hatte, sodass es unweigerlich zu einem Zusammenstoß zwischen den verschiedenen Auffassungen kommen musste.

Das Resultat war der Beginn meines ziemlich radikalen Übergangs zur „alternativen" oder „ganzheitlichen" Behandlungsweise, um die körperlichen und seelischen Leiden meiner Mitmenschen zu beenden. Bis zu jener Zeit hatte ich diese Worte noch nie gehört und wahrscheinlich hätten sie mir auch nichts bedeutet.

Der Übergang vom medizinischen Ansatz des Denkens zum ganzheitlichen war für mich ziemlich schwierig. Eigentlich fand ich es auch unmöglich, ohne einige ernsthafte Anpassungen und Korrekturen an all den Sachen vorzunehmen, die mir im spirituellen Glauben gelehrt worden waren. Ich fand, dass dies alles Hand in Hand gehen müsste und dass es unmöglich war, sie in separate Schubladen zu stecken.

Neu aufgestellte Denkmuster

In der Medizin wird uns gelehrt, nach dem Negativen zu suchen und es zu finden. Mit anderen Worten, die Konzentration liegt auf der Krankheit oder dem Abnormalen. Uns wird gesagt, dass wir regelmäßig, einmal im Jahr unseren Körper untersuchen lassen sollen, um zu schauen, ob alles in Ordnung ist. Wir befürchten tatsächlich voller Angst, dass etwas in unsere Körper hineinschleicht und uns töten könnte, ohne dass wir uns dessen bewusst sind. Die Absicht ist natürlich schon, uns zu schützen. Was es aber tatsächlich mit uns macht, ist, dass wir denken, unser Körper sei unser Feind und man könne ihm nicht trauen, ohne ihn permanent zu überwachen. Und auch dann ist es noch ein Spiel mit dem Feuer.

Wie vorher schon einmal erwähnt, bekommen unsere Babys von Anfang an eine Vielzahl von Impfungen zur Immunstärkung. Wir tun das, weil wir in dem Glauben erzogen wurden, dass wir in eine feindliche Welt hinein geboren werden, in der ein unsichtbarer Feind jederzeit unerwartet zuschlagen kann. Wir bringen unsere Babys regelmäßig zu Vorsorgeuntersuchungen zum Kinderarzt, weil wir kein Vertrauen in die körpereigene Intelligenz unserer Körper haben. Wir machen uns abhängig von Blutwerten und anderen Tests, die uns sagen sollen, dass wir gesund sind.

Bitte verstehen Sie das nicht falsch. Ich will diese Vorgehensweisen hier nicht attackieren. Sie haben nur für mein Leben keine Gültigkeit mehr, aber ich bin nicht hier, um irgendjemanden oder irgendetwas anzugreifen. – Ich will hier nur die aufgestellten Denkmuster aufzeigen.

Wir lernen von diesen oder anderen ähnlichen Praktiken, dass die komplette Verantwortung für die Fortdauer unserer Ganzheit in unseren Händen liegt. Wir sind die Meister unseres eigenen Schicksals. Wir sind separate und autonome Wesen, die total verantwortlich sind für ihr Leben. Kein Wunder, dass das Leben, wenn wir es auf diese Art definiert haben, zu einer solchen Angst einflößenden Erfahrung wird.

Kein Wunder, dass wir so viel Anspannung und Angst spüren. Es ist fast so, als müsste man ein aus vielen Teilen bestehendes Puzzle zusammensetzen, ohne das Bild des Puzzles zu kennen. Kein Wunder, dass wir eine so hohe Rate an Nervenzusammenbrüchen, stressbedingten Krankheiten, einen endlosen Medikamentenkonsum und verordnete Medikamentenabhängigkeiten haben, ganz zu schweigen von all den anderen Süchten, unter denen wir leiden.

Krankheit ist der unsichtbare, unbekannte Feind, den wir fürchten. Davon sind wir mittlerweile wie besessen. Wir haben gelernt, dass wir sie nicht vermeiden können, obwohl wir alles dafür tun, um sie zu verhindern. Wir erwarten bei unseren Kindern, was sich ‚Kinderkrankheit' nennt und wir warten darauf, dass bei unseren alten Menschen Symptome auftreten, die dann als ‚Altersbedingte Krankheiten' zusammengefasst werden. Wir akzeptieren auch Krankheiten, die speziell bei bestimmten Berufen auftreten, die zu bestimmten ethnischen Gruppen „gehören" oder die für bestimmte geographische Gebiete unserer Welt als „typisch" gelten, usw.

Wir kennen jedes erdenkliche Symptom, jeden Namen und jede Klassifikation der Krankheiten aus dem Fernsehen und aus jeder Werbepause – wo uns für jede dort beschriebene Krankheit ein Medikament empfohlen wird. Um es kurz zu machen, wir sind von Geburt an damit aufgewachsen, unseren Körper zu fürchten und extreme Anstrengungen zu unserem Schutz auf uns zu nehmen. Sollte das alles nicht helfen, zahlen wir einen Großteil unseres Gehaltes an die Krankenversicherung, die dann (so sagen sie) im Krankheitsfalle zahlt, der, wie wir alle wissen, mit Sicherheit irgendwann eintreten wird.

Als ob die weltliche Erziehung nicht gereicht hätte, verbrachte ich Monate und Jahre in der Schule, wo mir all die Namen, Aussprachen, Klassifikationen, das Auftreten sowie die Symptome und Beschreibungen von Beschwerden jeglicher Art beigebracht wurden - all die vorstellbaren und unvorstellbaren Leiden, die der Menschheit bekannt sind. Ich lernte, wonach ich suchen musste, wie ich ein Problem entdecken konnte und was ich dafür verabreichen sollte. Ich lernte, welche Krankheit mit welcher Medizin gemildert oder kontrolliert werden kann und welche Krankheiten unter Umständen sowieso „gewinnen" würde, egal, was man gibt oder was man herausschneidet.

Das war der schwierigste *Gedanke,* als ich anfing, alternativ und ganzheitlich zu heilen: Das alles nicht mehr *zu wissen.* Denn in diesem neuen Denken gab es so etwas wie eine ‚Krankheitserwartung' nicht, nicht einmal die Erwartung des Todes durch Krankheit. Es ist unbestritten, dass Krankheit ein ernstzunehmender Gegner ist.

Aber ich lernte schon sehr zeitig, dass die Krankheit selbst nicht das war, was überwunden werden musste, sondern die Angst vor der Krankheit, die Erwartung der Krankheit und die Erziehung zur Angst der Krankheiten. Kurz gesagt, unser eigentlicher Denkprozess musste entgiftet werden.

Die letzten Tage im medizinischen Bereich

Nachdem ich in den 70er Jahren nach San Antonio umgezogen war, sicherte ich mir eine Position auf der Intensivstation des örtlichen Krankenhauses. Da blieb ich nur ein Jahr. In dieser Zeit verschärfte sich mein innerer Konflikt, der Konflikt zwischen dem, was ich in der Medizin tat und sah und dem viel höheren Weg, mit Krankheit umzugehen, den ich kannte. In dem Maße, in dem meine spirituellen Wahrheiten wuchsen, nahm gleichermaßen meine Toleranz gegenüber den konventionellen Heilmethoden ab, bis sie dann verschwand. Ich begann zu glauben, dass viele Operationen unnötig waren und dass die meisten Medikamente gefährlicher waren als das Problem, für das sie verordnet worden waren. Aus der Perspektive dessen, was ich die letzten Jahre alles gesehen hatte, schienen die meisten Behandlungen barbarisch und unnötig. Es schien, als ob wir unseren einfachen, gesunden Menschenverstand verloren hätten. Die Angst hat sich so tief in die Herzen der Menschen eingegraben, dass sie jedem erlauben, alles mit ihrem Körper zu machen. Ich habe gehört, dass wir unsere Körper zu medizinischen Studienzwecken hergeben, aber tun wir dies nicht bereits zu Lebzeiten?

Verschiedene Vorfälle sind mir im Gedächtnis haften geblieben, die mir sozusagen den letzten Rest gaben. Sie ereigneten sich alle innerhalb weniger Tage.

Ich werde niemals die kleine Tammy vergessen. Sie war sechs Jahre alt und hatte nach der Diagnose, dass sie unter Hydrozephalus (Wasser im Gehirn) litt, schon achtzehn Gehirnoperationen hinter sich. Die meisten der weiteren Operationen wurden nötig aufgrund von Infektionen, die die Bahnen verstopften. Infektionen, deren Ursachen in vorhergehenden Operationen lagen. Als sie starb, hatte sie weniger als ihr Geburtsgewicht. Ihre letzten Tage verbrachte sie auf einer Eismatte, weil sie so hohes Fieber hatte. Sie fröstelte, wimmerte und war ganz allein. Ich habe in den Jahren meiner Tätigkeit auf pädiatrischen Intensivstationen schon viele Kinder sterben sehen, aber so etwas Brutales hatte ich noch nie gesehen.

Eine andere Erinnerung ist die einer älteren Mexikanerin, die nicht ein Wort Englisch sprach. Sie wurde wegen einer starken Darmblutung auf die Intensivstation eingeliefert. Der Chirurg, der für sie eingeteilt war, wollte sie operieren und ihren Darm entfernen. Sie sollte kein Mitspracherecht haben. Durch den Übersetzer verstand ich, dass sie sagte, sie kenne einen Tee, der Darmblutungen stoppen würde. Sie erzählte, dass sie ihn schon ein oder zweimal in ihrem Leben für dasselbe Problem erfolgreich benutzt hätte. Ich leitete diese Informationen an den Arzt weiter, der höhnisch grinste und ihre „Ignoranz" verspottete. Er bestand darauf, dass ich sie und ihre Familie zu dieser Operation überredete. Er war sich sicher, dass es solch einen Tee überhaupt nicht gab. Ich überredete sie zu dieser Operation. Ich werde nie den Ausdruck der Angst in ihren Augen vergessen. Sie gab all unseren Anforderungen nach, weil sie fühlte, dass die Sprachbarriere zu groß war, um sie zu durchbrechen. Sie war so überwältigt vom Ausmaß des Druckes, der auf sie ausgeübt wurde und weil ihr sowieso niemand glaubte. Alles in allem, sie war eine arme mexikanische Frau, die einem brillant ausgebildeten medizinischen Personal gegenüber stand. Sie hat die Operation nicht überlebt. Sie starb noch auf dem Operationstisch.

Später fand ich heraus, dass es diesen Tee wirklich gibt und dass er tatsächlich in einigen Fällen Darmblutungen gestoppt hatte. Eigentlich gibt es dafür sogar mehrere Tees.

Ich kam nicht umhin, wieder einmal die allgemeine Auffassung, was *Ignoranz* und was *brillantes Wissen* ist, in Frage zu stellen. Ich fühlte mich dahin gehend manipuliert, gegen meinen Willen einen Mord begangen zu haben.

Wochen später wurde ich gebeten, bei einer Operation in einem ziemlich schwierigen Fall einzuspringen. Sie machten gerade eine der ersten Geschlechtsumwandlungen in den USA. Ich wollte daran nicht beteiligt sein. Nach meiner Auffassung war es ein Vergehen gegen die Menschheit und ich fühlte mich im Recht, abzulehnen. Der Eid, den wir zu Beginn unserer Tätigkeit geschworen hatten, lautete: „Zuallererst füge deinen Patienten keine Verletzung zu". Nach meiner Auffassung war das eine Verletzung.

Lassen Sie mich hier kurz innehalten und folgendes im Rahmen unserer politisch und sozial korrekten Gesellschaft sagen. Ich glaube, dass Leute zu solch extremen Maßnahmen greifen, um sich von einem tiefgehenden inneren Zwiespalt zu befreien, weil sie keinen anderen Ausweg sehen, wie sie sich von den Glaubenssätzen, in die sie sich eingehüllt fühlen, befreien können. Ich glaube auch, dass sie einfach weglaufen würden, wenn sie die Möglichkeit hätten. Ich glaube nicht eine Minute daran, dass sie diesen inneren Konflikt lösen, indem sie ihren Körper verstümmeln. Im Gegenteil, damit verstärken sie diesen inneren Konflikt noch. Ich habe über die Jahre hinweg immer wieder Menschen in dieser Situation beraten, sodass ich mittlerweile weiß, dass dies so ist. Aber noch einmal: Ich habe es erlaubt, dass ich in eine Situation gezwungen wurde, die total im Gegensatz zu meinen Überzeugungen stand.

Nachdem die Operation beendet war und ich mich im Aufwachraum über den jungen Mann beugte, konnte ich spüren, wie mich Wellen von Traurigkeit überschwemmten. Ich konnte all seine Verzweiflung und Isolation, die er sein ganzes Leben lang in sich getragen hatte und den großen Konflikt, dem er ausgesetzt war, spüren. Von ganzem Herzen und mit ganzer Seele wusste ich und das tue ich noch immer, dass es für ihn einen Weg der Heilung gegeben hätte, der keine Psychoanalyse oder solch eine radikale und endgültige Lösung wie eine Geschlechtsumwandlung beinhaltet hätte. Nach meiner Auffassung war das ganz sicher ebenso ein Leiden, wie die Symptome einer physischen Krankheit. Sie haben beide denselben Ursprung, denselben gemeinsamen Nenner und dieselbe Lösung. Dies im Namen der Heilung einem Menschen anzutun war schlichtweg inakzeptabel. Während ich so da stand mit diesen ganzen Gefühlen, die mein Herz fast zum Zerspringen brachten, passierte schon der nächste Vorfall im Zimmer nebenan. Eine ältere Frau, der eine Brust entfernt worden war, weil sie Metastasen hatte, wurde gerade nach der Operation in den Aufwachraum gebracht. Vor fünf Jahren wurde ihr aufgrund derselben Diagnose bereits die andere Brust entfernt. Der Begriff Metastasen bezeichnet Krebszellen, die über ihre eigentlichen Grenzen hinaus in andere Körperteile wuchern. Heute wissen wir, dass sich im Alter der Stoffwechsel verlangsamt und auch das Wachstum des Krebses entsprechend langsamer fortschreitet. Es ist eine allgemeine Auffassung, dass es medizinisch unmoralisch ist, einen älteren Menschen, außer in akut lebensbedrohlichen Situationen, irgendeiner Form von außerordentlich gewaltsamen Eingriffen auszusetzen. Es wird gesagt, dass die Menschen ein hohes Alter erreichen können, bevor der Krebs überhaupt so groß geworden ist, dass sie daran sterben könnten. Außerdem ist es allgemein bekannt, dass keine weiteren Operationen erfolgreich durchgeführt werden können, wenn der Krebs sich schon auf andere Körperteile ausgeweitet hat. Dazu kam, dass die Frau gut über achtzig Jahre alt war und dass deshalb Morphium als Schmerzmittel ernsthafte, negative Nebenwirkungen auf sie gehabt hätte. Deshalb lag sie einfach nur weinend und sich vor den operationsbedingten Schmerzen windend in ihrem Bett.

Ich kochte mittlerweile schon innerlich und tat das Unvorstellbare. Ich konfrontierte den Chirurgen und fragte ihn, warum er sofort operierte, obwohl ihm das Resultat schon im Vorhinein bekannt war. Bevor er überhaupt auf mein impertinentes Verhalten einging, was er später natürlich tat, antwortete er: „Weil die Familie erwartet hat, dass ich etwas tue."

Mit diesem letzten Vorfall verließ ich den medizinischen Bereich, um nie mehr wieder dahin zurück zu kehren. Ich bin sicher, dass sie mich genauso gerne gehen ließen, wie auch ich gerne von dort weggegangen bin.

KAPITEL ACHT

EIN NEUANFANG

"Die Bande alter Glaubensmuster durchbrechen"

Einige Wochen später lernte ich durch meinen damaligen Pfarrer einen Urin- und Speicheltest kennen, von dem gesagt wurde, dass er die Menge der im Blut und in den Körperzellen angesammelten Gifte bestimmen könne. Es wurde auch behauptet, er könne die Fähigkeit der Zellen, Nahrung aufzunehmen, aufzeigen. Er misst die Menge der in der Leber angesammelten Gifte, indem er aufzeigt, wie viele Verdauungsenzyme in der Leber fehlen, bzw. um wie viel sich ihre Zahl verringert hat. Ebenso zeigt er die Anhäufung von Toxinen in den Nieren und in der Bauchspeicheldrüse an. Die Reinigung von diesen Giften soll den Zellen die Nahrungsaufnahme erlauben und die Stoffwechselabfälle aus den Zellen entfernen. Dies wiederum würde ein überlastetes Immunsystem entlasten und für einen freieren Fluss der Lebensenergie durch den Körper sorgen. Ich wünschte, ich könnte Ihnen von meiner überwältigenden Begeisterung, diese Wunder kennen zu lernen, berichten. Die Wahrheit jedoch war, dass ich die Sache für etwas verrückt hielt. Noch nie hatte ich von solch einem Test gehört. Ich hatte noch nie etwas von Toxinen gehört. Was sollte denn schon passieren, wenn das System verstopft war? Was hatte dies mit Krankheit zu tun? Und was war wohl der ,Fluss der Lebensenergie'?

Der Pfarrer wollte, dass ich diesen Test und die Methode, Menschen auf ein Entgiftungsprogramm zu setzen, erlernen solle. Er glaubte, dies würde die allgemeine Gesundheit seiner Gemeindemitglieder verbessern. Ich muss zugeben, dass ich dieser Idee etwas feindlich gegenüber stand. Aber mit der Zeit ließ ich die Abwehr los, wahrscheinlich auch, weil meine Finanzlage schlechter wurde.

Also gründete ich 1976 die holistische (alternative) Klinik für Gesundheitspflege, die Holistic Health Care Clinic, in San Antonio. Sie nahm ihren einfachen Anfang in einer der örtlichen Kirchen und in meinem „Büro", das gerade mal die Größe meines Badezimmers zu

Hause hatte. Ich lernte, die beiden Begriffe ‚holistische Behandlung' und ‚alternative Behandlung' zu unterscheiden. ‚Holistisch' bedeutet die Behandlung der ganzheitlichen Person im Gegensatz zu der Konzentration auf ein oder zwei Problemstellen im Körper. In anderen Worten bedeutet dies die Betrachtung der Situation in Verbindung mit dem Körper als einer ganzheitlichen, zusammengehörigen Einheit und der Anerkennung der Verbindung zwischen dem Körper, dem Geist, den Emotionen und der Seele einer Person. ‚Alternativ' bedeutet Krankheitsbehandlung ohne Medikamente, Operationen, Bestrahlungen oder andere herkömmliche bzw. traditionelle Methoden, die in der modernen Medizin verwendet werden. Der Begriff ‚alternativ' kann alles beinhalten, von Methoden östlichen, orientalischen oder indianischen Ursprungs bis zu eher westlich und wissenschaftlich orientierten Behandlungsformen. Wegen meines medizinischen Hintergrundes und meiner jüdisch - christlichen Erziehung gehöre ich zu denen, die eine eher wissenschaftlich orientierte Heilung studiert haben. Nichtsdestoweniger ist mit diesen Begriffen eine große Anzahl von Praktiken und Gedanken verbunden.

Normalerweise meinen Leute, wenn sie über spirituelle Heilungen sprechen, eine Wiederherstellung der Gesundheit und Ganzheit ohne die Hilfe irgend eines menschlichen Eingriffs, außer vielleicht dem Gebet, der Meditation oder Ähnlichem. Ich hatte anfangs einige sehr festgelegte Differenzierungen dieser Terminologien in meinem Kopf. Aber als meine Erfahrung und mein Wachstum mit der Zeit größer wurden, verwischten sich diese Linien in eine riesige, einzige Vision der Einheit, in der ‚göttliches Leben' „alles einhüllte, auffüllte und für alles verantwortlich war".

Zu meinem Erstaunen strömten die Menschen in Scharen herbei, als die Klinik ihre Tore öffnete. Obwohl wir die Klinik eigentlich nur zur Behandlung der Gemeinde jener Kirche eröffnet hatten, kamen die Leute meilenweit auch aus anderen Staaten und Ländern angereist. Von Anfang an sah ich Heilungen, die ich mir nicht in meinen wildesten Träumen hätte ausmalen können. Wer hätte ahnen können, dass solch schreckliche Krankheiten auf ein so einfaches Entgiftungsprogramm reagieren würden? Menschenleben, die vorher durch ihre Beschwerden vollkommen verkrüppelt gewesen waren, reagierten so schnell darauf! Jedoch trotz dieser überwältigenden Beweise war ich noch immer vorsichtig. Ich musste sicher gehen, dass ich genau das tat, was Gott von mir wollte. Ich machte mit Gott einen Vertrag, dass ich niemals ein Gespräch über dieses Programm beginnen und auch keine Reklame dafür machen würde. Falls dieses Projekt wirklich Gottes Wille sein sollte, würde Er allein die Leute herbeiführen. Er würde dafür die Verantwortung tragen müssen. Ich schloss daraus, dass, falls ich auf dem falschen Weg sein sollte, die Leute einfach nicht mehr kommen würden. Meine zweite Abmachung mit Gott war, dass Er allein dafür verantwortlich sei, dass die Leute gesunden würden. - Als ob Heilung von einer anderen Quelle kommen könnte! - Solange die Krankheiten hinweg schmelzen und die Menschen Erleichterung finden würden, beschloss ich zu bleiben. Aber sobald der Fluss unterbrochen oder die Ergebnisse etwas dubios ausfallen würden, bedeutete dies für mich, dass ich die Arbeit nicht weiter ausführen würde.

Diese Information kann ich so freizügig mit Ihnen teilen, weil ich nun, nach 25 Jahren, die Klinik in fähige und begnadete Hände weitergegeben habe; Hände, die offensichtlich von Gott dazu bestimmt worden waren, die Arbeit fortzuführen. Ich bin zutiefst von dem Verstehen dieses Wissens erfüllt. Dies weiter zu geben wird die Gesundheit derer verbessern, die jetzt schrecklich unter der Unterdrückung und unter der kriminellen Sklaverei durch Krankheiten leiden. Es wird ihnen sicheren Frieden geben.

Bevor ich nun zu tief in die Philosophie der Arbeit unserer Klinik eindringe und Ihnen erkläre, warum ich glaube, dass sie so gut funktioniert und besonders, wie Gefühle, Gedanken und Bilder, die in unserem Geist erscheinen, ihren Weg finden, sich in unseren Körpern zu manifestieren, möchte ich zuerst einige Erfahrungen mit Ihnen teilen. Durch diese Erfahrungen begann ich zu verstehen, wonach ich so lange gesucht hatte.

Anfangs kämpfte ich persönlich damit, viele Dinge, die ich in der Medizin gelernt hatte, wieder zu *verlernen*. Ich musste auch Reaktionen und Erwartungen in Bezug auf verschiedene Situationen und Krankheiten loslassen. Ich wusste, dass dies eine völlig neue Welt war und dass ich mit Sicherheit nicht das Gepäck von Glaubensmustern und Ängsten tragen musste, das die Patienten loszuwerden versuchten.

Ich musste lernen, *nicht* auf meine jahrelange Berufserfahrung zu vertrauen, um meinen Patienten helfen zu können. Ich musste lernen, *nicht* meiner Ausbildung zu vertrauen und *nicht* an die Milliarden negativer Dinge zu glauben, die falsch sind oder die in einer Situation schief gehen könnten. All dies musste ich hinter mir lassen.

Ich musste mehr auf das sich mir offenbarende ‚Lebensprinzip' vertrauen als auf das, was meine Augen sahen und was mein Geist sich vorstellte. Es gab so viele Möglichkeiten, mit meinem Herzen zu sehen und es gab so viele wunderbare Beweise im wirklichen Leben. Ich hatte beschlossen, diese nun zu wahrzunehmen und ihnen endlich Glauben zu schenken. Bevor ich Ihnen einige dieser Geschichten erzähle, lassen Sie mich das Ereignis erwähnen, welches mir erstmals zeigte, dass ich trotz alledem, was ich jetzt verstand, noch immer auf die Erfahrungen meines alten Glaubenssystems reagierte. Es sind die alten Gedankenmuster, die mich, wie die meisten Menschen, in einem Zustand von Verspannung und Aufruhr festhielten. Das Loslassen dieser Erfahrung erweckte in mir ein neues Bewusstsein. Ich sprang über einen Abgrund, um nie wieder zurückzukehren. Ich erfuhr eine Verwirklichung des Lebensgeistes, der Energie, die Leben spendet und unblockiert und ungehindert durch die gesamte Schöpfung fließt.

KAPITEL NEUN

FÜNFTES PRINZIP AUF DEM WEG ZUM LEBEN

„Das ‚göttliche Leben' als die Quelle allen Lebens erkennen"

Ich hatte eine ganz liebe Freundin, die schon das dritte Mal schwanger war und ihr Baby gerne zu Hause bekommen wollte. Es war noch in der Zeit, als dies gerade erst möglich wurde. Ich hatte ziemlich viel Erfahrung mit Hausgeburten und habe lange Jahre in der Pädiatrie gearbeitet. Deshalb bat sie mich, ihr gemeinsam mit zwei zugelassenen Hebammen beizustehen. Die Monate vergingen ohne irgendwelche Komplikationen bis zu dem Tag, an dem das Kind zur Welt kommen sollte. Da erst entdeckte man, dass das Baby in Steißlage lag. Die Hebammen schickten die Frau zur Ultraschalluntersuchung, um sicher zu gehen. Als sie im Krankenhaus zum Ultraschall erschienen war, beschrieb ihr der zuständige Arzt alle möglichen Katastrophen, die mit einem Baby in Steißlage bei solch einer Hausgeburt auftreten könnten. Total verängstigt bat sie ihn, ihr bei der Geburt beizustehen. Er sagte ihr, dass er dafür nicht eher die Verantwortung übernehmen würde, bis sie einem Kaiserschnitt zustimmen würde, da er sie ja nicht während der Schwangerschaft medizinisch betreut hatte. Er sagte ihr, wie verantwortungslos sie doch gewesen sei, überhaupt eine Hausgeburt in Betracht zu ziehen. Verängstigt, durcheinander und verärgert über sich selbst, verließ sie das Krankenhaus, weiterhin in der Absicht, ihr Baby zu Hause zur Welt zu bringen. In dieser Nacht setzten die Wehen ein.

Sie riefen mich, dass ich zu ihnen kommen solle. Sie erzählten mir alles und fragten mich, was ich denke, das sie tun sollten. Mein erstes Gefühl war Angst, die auf meiner jahrelangen medizinischen Erfahrung und meiner gründlichen Ausbildung in Sachen Geburten in Steißlage basierten. Meine Antwort war natürlich, den Forderungen des Arztes zu entsprechen und den Kaiserschnitt machen zu lassen. Ich fühlte schon, dass er ein wenig verrückt sein musste, ihr bei einer natürlichen Geburt nicht zu assistieren, aber er hatte die Fäden in der

Hand und ich wusste das. In der Zwischenzeit waren auch die Hebammen angekommen und beschäftigten sich bereits mit den Vorbereitungen für die Geburt. Sie spürten sehr wohl den Konflikt, in dem wir uns befanden, aber sie waren zuversichtlich, dass alles in Ordnung war und glatt laufen würde. Innerlich dachte ich, dass sie verrückt seien, aber ich bewunderte ihre Sicherheit. Sie schienen etwas zu wissen, was ich nicht wusste, was mich auch etwas verunsicherte. Aber die letzte Entscheidung lag bei mir. Alle Augen waren auf mich gerichtet, in mir tobte ein Krieg und ich war nicht in der Lage, etwas zu sagen. Der Vater und die Hebammen waren sich sicher. Die Mutter wollte alles tun, was ich dachte, was gut für sie wäre. Da es klar war, dass ich mich in einem schlimmen Konflikt befand, die Geburt aber weiter voran schritt, bereiteten die Hebammen weiterhin alles vor, während ich nur in einem Schaukelstuhl saß, schaukelte und die Wand anstarrte.

Ich sah alle möglichen Probleme vor meinem geistigen Auge ablaufen. Ich erinnerte mich an die vielen Komplikationen, die ich im Krankenhaus erlebt hatte und wusste, dass wir nicht die nötige Ausrüstung hatten, um all diese Probleme zu lösen. Ich wusste, wie sehr die Mutter diese Hausgeburt wirklich wollte und ich wusste, dass es möglich war, dass doch alles glatt verlief, aber was wäre, wenn …? Also, während ich wie paralysiert und entscheidungsunfähig dasaß, wurde das Baby geboren. Diese Unfähigkeit, zu handeln, war eine seltene und sehr unangenehme Erfahrung für mich, das möchte ich noch dazu anmerken. Zuerst kam der Po heraus, den sie warm einpackten, damit das Baby nicht unterkühlte und zu früh atmen würde, während es noch im Geburtskanal steckte. Diese Frauen verstanden ihr Handwerk. Sie holten das Baby zur Hälfte heraus, halfen bei den Beinen nach und packten den Körper in warme Tücher, sodass es noch nicht atmen konnte. Sie halfen und drehten den Körper, um die Schultern heraus zu holen und heraus kam ein nicht atmendes kleines Mädchen.

Zu diesem Zeitpunkt erholte ich mich aus meiner Starre und war in der Lage, das Baby vollständig wieder zu beleben. Innerhalb von

Minuten war alles vorbei. Während sie noch aufräumten, verließ ich den Raum, ging die Treppe hinunter und starrte weiterhin die Wand an. Was war passiert? Warum war ich in solch einem Zustand? Was wussten die beiden da oben, dass ihnen ermöglichte, so ruhig und sicher zu bleiben? Ich kam zu dem Schluss, dass sie nicht all diesen Horror gesehen hatten, den ich in der Vergangenheit erfahren hatte, aber ich wusste nicht, ob ich recht damit hatte. Bald kam eine von ihnen herunter, setzte sich mir gegenüber und massierte mir meine nackten Füße, um mich ein wenig zu entspannen. Ohne dass ich etwas sagen musste, begann sie zu erzählen. „Michele, du wurdest ausgebildet in dem, was wir ‚humanitäre Intervention' nennen. Du wurdest ausgebildet, nur das Negative zu erwarten, wenn du nicht als Mensch einspringst und alles regelst oder die Absicht umkehrst. All die Jahre der medizinischen Intervention, all die Jahre der intensiven Krankenbetreuung, all die Jahre, wo du nur das Schlechte gesehen und erwartet hast, all die Jahre in dem Glauben, dass es die Verantwortung des Menschen ist, alles zu regeln – alles abzuhalten – ‚es' zu überlisten, bevor ‚es' zurückschlägt, hat aus dir eine Art von Halbgott gemacht, der sich für Leben und Tod verantwortlich fühlt. Du vertraust dem Leben nicht. Du musst noch viel lernen über das Leben. Es ist viel mehr als nur das Gegenteil von ‚tot'. Du musst lernen, dem Leben mehr zu vertrauen als der Krankheit und dem Tod. Du musst lernen, in seine *ständige Gegenwart* und in das *absolute Gute* zu vertrauen, in seine Fähigkeit, alle Dinge intakt halten zu können – auch ohne deine Hilfe.

Als ich dann später in der Nacht gegen vier Uhr morgens das Haus verließ, erinnere ich mich, dass ich nur sehr langsam nach Hause fuhr und die ganze Zeit über weinte. Ich fühlte, dass ich aus einem langen Schlaf erwacht war. Ich fühlte mich, als ob ich mich an etwas erinnerte, was ich schon vor langer Zeit vergessen hatte. Ich war so dankbar dafür, dass ich es zum Schluss doch verstand und schämte mich für meine Blindheit und Arroganz.

Ich wusste, dass ich all das hinter mir lassen musste. Ich musste dem ‚göttlichen Fluss des Lebens' vertrauen. Ich musste seine endlose

Gegenwart verstehen. Ich musste seine absolut unveränderliche Natur erfassen, unabhängig davon, was das menschliche Bild und die menschliche Vorstellung dazu sagten. Ich musste seine unpersönliche, bedingungslose und konstante Güte erkennen.

Ich musste erkennen, dass ‚göttliche Güte' nicht das war, was letztendlich in meinem Glauben, in meinen Ängsten und in meinem Versagen eingebunden war. ‚Göttliche Güte' kennt nur ihre eigene Natur, nämlich die eines reinen, herrlichen, niemals beginnenden und niemals enden wollenden Lebens. Sie erkennt, dass das Leben immer vollständig, immer erfüllt und immer in perfekter Ordnung und Harmonie ist. Und über allem steht die Erkenntnis, dass die ganze Welt in seiner Form und seiner physischen Substanz in diesem einen ‚göttlichen Leben' enthalten ist. Wir müssen nur unser Denken, unsere Glaubenssätze und unsere Ängste aus dem Weg räumen, damit sich dieses unsichtbare, aber doch so reale ‚göttliche Leben' mit all seinen Wundern in uns selbst und in allen Situationen entfalten kann.

Plötzlich war ich damit konfrontiert, dass ich die Wahl hatte, all meine früheren Glaubenssätze und Überzeugungen zur Seite zu schieben, mit all ihren materiellen Ursachen und Wirkungen, mit den „Was du säst, das wirst du ernten" – Prinzipien und ganz *speziell* mit all der erdrückenden persönlichen Verantwortung, die dem Wissen, dem Richten und dem Befürchten innewohnen. Dies war es, was ich schon immer gesucht hatte. Es war die Erklärung für alle diese ‚Spontanheilungen', die ich mit solch einer Mystik und Ehrfurcht in all den Jahren beobachtet hatte.

Die Erkenntnis des einen ewigen Lebens ist der Weg zum Leben

Jetzt war der Körper nicht länger eine autonome Einheit, die ihr Leben aus sich selbst heraus erschafft. Jetzt sah ich den Körper als *Resultat* der Gegenwart und des Flusses von ewigem Leben. Ich möchte hier anmerken, dass dies in den östlichen Traditionen als Lebensenergie beschrieben wird. In unserer Kultur nennen wir diese Gegenwart Gott oder Geist.

Wenn der Körper seine Energie und sein Leben nicht aus sich selbst heraus erschafft, sondern aus dem Fluss dieses Einen Lebens, das jeden Raum und jeden Platz füllt, dann, so erkannte ich, konnte auch ich all meinen gut gemeinten Druck loslassen, den ich mir machte, um Katastrophen zu vermeiden. Ich konnte sogar meine Erwartungen von Krankheit und Unwohlsein loslassen. Es kostete mich viel Disziplin, meine täglichen Gedanken zu kontrollieren. Ich musste ganz konzentriert bleiben und jederzeit in der Lage sein, meine Gedanken, über Krankheit, Leiden, Chaos, Verwirrung und Unordnung jeglicher Art, die immer wieder auftraten, zu korrigieren, um sie so zu lenken, dass ich die ‚Wahrheit hinter der Fassade' erkennen konnte. Ich begann, nach diesem einen Leben in den Situationen des vorhergesagten Todes zu suchen und ‚Es' zu erwarten, um Ganzheit und Gesundheit zu finden, wo es nur das Zeugnis der Krankheit gab.

Wie Sie wohl erwarten, verschwanden die überwältigenden Beweise von Krankheit, von Symptomen und von Elend in dem Maße, wie ich begann, das Leben in allem und in jedem zu sehen.

In der Nacht der Geburt des Mädchens fiel mir dieses ‚Prinzip des wahren Lebens' wie Schuppen von den Augen. Das sind der Geist und das Verständnis, die die Heilungen hervorgerufen haben. Das ist der Weg zum Leben, der mir in meinem Traum mit den ‚Affen und Drachen' gezeigt wurde. Dieses Verständnis ist der Weg. Das machte jetzt alle Dinge neu.

DIE NEUE OFFENBARUNG

Der nicht hinterfragte Beweis

Ich möchte mit Ihnen zwei getrennte Geschichten teilen, die als Folge dieser ‚neuen' Offenbarung geschahen. Dies sind Heilungen, die durch mein bewusstes Beharren auf der absoluten Natur dieses Prinzips entstanden.

Nach einigen Monaten wurde eine alte Freundin von mir, mit der ich keinen Kontakt mehr hatte, ziemlich krank. Ihre Familie rief mich an und fragte mich, ob ich ins Krankenhaus kommen würde, um mit ihr zu beten. Als ich ankam, war sie durch Morphium betäubt und hatte offensichtlich qualvolle Schmerzen. Ihre Diagnose lautete „Akute blutende Pankreatitis“. Ich habe noch nie gehört, dass jemals irgendeine Person diesen Zustand überlebt hätte.

In jener Nacht ging ich durch die ruhigen Strassen der hügeligen Landschaft, in der ich wohnte. Mir war klar, dass es nichts gab, was ich meiner Freundin anbieten konnte. Meine Vision und mein Herz waren gefüllt mit medizinischem Wissen, vergangenen Erfahrungen, morbiden Statistiken und dunklen Erinnerungen. Dies war ein Zustand, den niemand heilen konnte. Ich betete fast die ganze Nacht um die Gnade, meine Gedanken von alledem loslösen und die gesamte Situation der Wahrheit des Lebens hingeben zu können. Ich betete für den festen Platz meiner Freundin in dieser Wahrheit und für die Wahrheit des Lebens in ihr.

Als ich am nächsten Morgen kam, wurde sie gerade operiert. Die Familie versammelte sich im Wartezimmer. Alle umarmten sich, weinten und wiederholten immer wieder die schreckliche Prognose und die Worte des Chirurgen. Ich wusste, ich musste diesen Raum schnell verlassen, wenn ich weiterhin an der Wahrheit für meine Freundin festhalten wollte, um überhaupt noch helfen zu können.

Bald kam der Chirurg heraus und seine Worte beschrieben und malten das schrecklichste Bild, das ich mir vorstellen konnte. Er sagte, dass all ihre Organe durch die in die Bauchhöhle ausgetretenen Pankreasenzyme zusammengeschmolzen seien. Er sagte, er könne nicht sagen, wo ein Organ aufhören und das nächste beginnen würde. Die gesamte Bauchhöhle sei eine Suppe. Alles, was er tun konnte, war, mehrere Drainageschläuche in ihren Bauch einzuführen, um einen Teil der abgestorbenen Gewebe auszuleiten. Er sagte auch, sie könne die Zerstörung durch diese Krankheit nicht überleben.

Als ich sie sah, war alles aufgequollen, sie war wegen eines Nierenversagens ungefähr hundert Pfund schwerer als am Tag zuvor. Sie hatte riesige Verbände und überall Schläuche am Bauch. Es war eine Gnade, dass sie bewusstlos war. Bald war ich alleine mit ihr im

Zimmer und dachte: „*Egal, wie das Bild aussah*, egal wie grausam es erschien – im Geiste Gottes, im Geiste dessen, der sie nach seinem Bilde erschaffen hatte – hat sich in Wirklichkeit nichts verändert. Unsere Wahrnehmung hatte sich verändert, aber unsere Wahrnehmung interessierte mich wirklich nicht mehr."

Ich legte meine Hand auf diese wulstigen Verbände und ich wusste, als ich meine Hand von einer Stelle zur nächsten bewegte, welche Organstruktur unter der jeweiligen Stelle sein sollte. In der Vergangenheit hatte ich hunderte Male vollkommen intakte Organe gesehen, so beschloss ich, dieses Bild in meinen Gedanken zu behalten und Gott mit jeder Handbewegung für die vollkommene, unveränderliche Form zu danken, die er in seinen Gedanken hielt.

Ich habe mehr Gott dadurch geehrt, dass ich die Wahrheit des Lebens anerkannt habe, als dass ich irgendeine Veränderung erwartet hätte. Wenn ich wirklich in meinem Herzen glaubte, was ich in meinem Geiste als Wahrheit kannte, dann gab es nichts zu verändern. Ich sprach niemals laut. Sie wachte kein einziges Mal auf, während ich bei ihr war.

Ich verließ den Raum, um mich dem Rest der Familie anzuschließen. Innerhalb von einigen Minuten kam eine Krankenschwester in das Zimmer, in dem wir alle versammelt waren und fragte nach meinem Namen. Als ich aufstand, sagte sie, die Patientin sei plötzlich erwacht und habe darum gebeten, dass ich in ihr Zimmer *zurückkommen* sollte! Als ich eintrat, war sie ziemlich munter und lächelte. Sie sagte so etwas wie: „Schau, was die mit mir gemacht haben. Ich bin vollkommen eingewickelt. Das einzige, was ich bewegen kann, ist mein Hintern!" Während sie das sagte, wackelte sie mit ihrem Hintern und lachte. Sie war schon immer ein wenig verrückt gewesen! In der darauf folgenden Zeit erholte sie sich schnell und heute ist sie sehr vital und gesund.

Dies war eines der ersten Male, dass ich Zeuge davon wurde, was passieren kann, wenn die Wahrheit erkannt wird.

Die Wahrheit, die verkündet, dass die Quelle unseres Lebens nicht in unserem Körper enthalten ist. Sie ist nicht vom Körper abhängig, um ihre Existenz fortzusetzen. Die Quelle, der Ursprung unseres Lebens, ist mit der Quelle und dem Ursprung der gesamten Schöpfung identisch. Sie liegt außerhalb der Parameter des Körpers. – Hat sich jedoch durch unseren Körper und als unser Körper manifestiert.

Wir müssen nur unsere Herzen dem Strom dieses Lebens und diesem Verstehen öffnen.

Ich musste aufhören, hinter jeder Ecke Krankheit und Tod zu sehen. Ich musste meinen Blick auf das richten, wohin ich gehen wollte. Ich kann nicht Auto fahren und dabei die Häuser und Felder anschauen. Wenn ich dies täte, würde ich bald mitten in die Häuser und Felder hineinfahren. Stattdessen muss ich meine Augen auf das richten, was direkt vor mir ist. Ich muss auf die Strasse, auf den Weg blicken, weg von den ‚Affen und Drachen', direkt auf das ‚Prinzip allen Lebens' zu.

Den Beweis weiterführen

Ein weiterer ziemlich dramatischer Beweis des ständigen Flusses dieser ‚göttlichen Energie', des Lebensgeistes, bot sich mir ungefähr ein Jahr später in der Klinik. Jede Erfahrung brachte diese Wahrheit tiefer in mein Verstehen und in mein Herz.

Es gab eine Frau, die mit einer sehr hässlichen Entzündung auf der rechten Seite ihres Bauches zu mir kam. Wir konnten uns nur sehr schlecht verständigen, da sie kein Englisch sprach, jedoch verstand ich von ihrer Familie, dass diese entzündlichen Wunden seit Jahren immer wiederkehrten. Jeder verneinte, die Ursachen dieser Wunden zu kennen, obwohl sie bereits Ärzte hier und in Mexiko konsultiert hatten. Sie sagten, die Ärzte wären nicht in der Lage, die Ursache zu finden. Dies konnte ich kaum nachvollziehen, aber sie blieben bei ihrer Geschichte. Ich entschied mich, sie für zwei Wochen auf das Programm zu setzen und zu beobachten, was passieren würde.

Ich hatte beschlossen, falls in zwei Wochen keine Besserung eintreten würde, müsste ich sie zu einem Arzt schicken, da ich nicht wusste, womit ich es genau zu tun hatte. Sie erklärten sich mit diesem

Vorschlag einverstanden. Noch bevor die zwei Wochen um waren, befand sie sich buchstäblich auf ihrem Sterbebett. Dieses Ding hatte sich vollkommen in ihre Seite und tief in ihre Bauchdecke und Muskulatur eingefressen. Sie sah aus, als wäre sie von einer Handgranate, die gerade in ihrer Hand explodiert war, verletzt worden. Es war ein schrecklicher Anblick. Ich schickte sie in verschiedene Krankenhäuser der Stadt, aber sie kamen immer wieder zurück und sagten, die Kliniken würden sie nicht aufnehmen. Zuerst dachte ich, es sei ein finanzielles Problem und ich schickte sie in das Landeskrankenhaus, doch auch von dort kamen sie mit der gleichen Geschichte zurück. Ich wusste, dass es an dieser Geschichte einen großen Haken gab, von dem sie mir nichts erzählten. Ich konnte dem jedoch nicht auf den Grund gehen. Inzwischen war sie weiß wie ein Bettlaken mit einem Hämoglobinwert von sechs (sehr niedrig). Sie schnappte nach Luft, war kalt und klamm. Sie war sicher am Sterben.

Letztlich kam ein Funke von Wissen aus der Tiefe meiner Frustration. Ich bat sie, alle Medikamente, die sie momentan gegen dieses Problem einnahm und auch die, die sie früher geschluckt hatte, auf den Tisch zu legen. Sie leerten ihre Handtasche und es kamen Antibiotika, Schmerzmittel, Schlafmittel und Entzündungshemmer heraus. Nichts sagte mir irgendetwas. Dann bemerkte ich ein Medikament, welches ich zuerst nicht gesehen hatte. Es hatte den Namen ‚Dapson'. Ich schlug diese Arznei in einem Lexikon nach und fand heraus, dass es ein Mittel gegen Lepra war.

Ich sprang von meinem Stuhl! Lepra! Ich war wütend auf sie, weil sie mich angelogen hatten und alle in der Klinik der Ansteckung ausgesetzt hatten: das Personal und die anderen kranken und geschwächten Patienten. Dann, ganz plötzlich, verschwand der ganze Ärger. Ich erinnerte mich an mein neues Verständnis. Ich war für einen Moment in meine alten Glaubensmuster zurückgefallen. Eine Stille kam über mich und ich wusste, dass es nichts zu fürchten gab. Ich wusste, warum sie mir nicht die Wahrheit gesagt hatten. Sie wurden überall weitergeschickt, da sie keiner behandeln konnte. Lepra wird in diesem Land nur in Sanatorien behandelt. Normale Krankenhäuser dürfen Leprakranke wegen der Ansteckungsgefahr nicht einmal aufnehmen. Sie glauben, dass sich die Krankheit unter den anderen Patienten verbreiten würde. Dies ist ihr Glaube und dies ist das Gesetz.

Ich wusste, was sie durchgemacht hatten und fühlte eine Traurigkeit. Eine Wärme von Liebe und Mitgefühl kam über mich, obwohl ich doch nur einige Sekunden vorher wütend und ärgerlich gewesen war. Ich bat sie, ihre Mutter mit nach Hause zu nehmen und versprach ihnen, dass ich für sie beten würde. Sicherlich dachten sie, ich würde sie nur wegschicken. Sie wussten nicht, was ich meinte, wenn ich sagte, ich würde nach Hause gehen, um zu beten.

In jener Nacht, als ich meine beiden Töchter ins Bett gebracht hatte, las ich einige Schriftstellen über Lepra. Dort wurde gesagt, wir sollten Leprakranke reinigen. „Heilt die Kranken, reinigt die Leprakranken und erwecket die Toten." So, dachte ich, „Okay, dies ist keine Empfehlung, dies ist eine Anordnung. Also, los geht's!" Wieder hatte ich all die menschlichen Gedanken über Lepra in meinem Kopf und jeder von ihnen ist ein Hindernis für den Lebensfluss und die Heilung. Ich wusste, dass, wie wir alle, auch diese liebenswerte Dame in der Atmosphäre der ewigen Quelle allen Lebens lebte.

Nach meinem Verständnis müssen wir uns dies zuerst bewusst machen. Wir müssen wissen, dass wir unsere Lebensenergie, unsere körperliche und geistige Harmonie und unseren Frieden von dieser Quelle und nicht aus unserem Körper beziehen und dass wir ohne sie leblose Objekte wären.

Dann, so wie in der Geschichte von den ‚Affen und Drachen', müssen wir uns bewusst von der physischen Erscheinung von Unordnung und Krankheit abwenden. Es ist so, als ob Sie mit Ihrem Herzen statt mit Ihren Augen sehen. Es geht darum, die Wahl zu treffen, die Ihnen bekannte Wahrheit zu sehen, auch wenn das, was sich vor Ihnen zeigt, dem Gegenteil entspricht. Wiederum musste ich stundenlang beten, bis ich die Frau im Licht dieser Wahrheit sehen konnte. Doch jedes Mal, wenn ich meine Augen schloss, hatte ich nichts als das schreckliche Bild vor Augen, das ich zuletzt in meinem Büro gesehen hatte. Ich betete zu Gott, Er möge *durch mich* zu dem sehen, was Er als ihre Wahrheit sah. Das, was sich in seinem Geiste niemals verändert. Noch immer sah ich nichts als das, was ich nicht sehen wollte. Schließlich, um vier Uhr morgens, als meine Augen geschlossen waren, sah ich die Frau auf einer Leinwand in meinem Geist. Sie wurde kleiner und kleiner. Das alte Bild von ihr wanderte in die linke Ecke. Statt des alten Bildes sah ich ein Lichtwesen, das die Leinwand meines Geistes ausfüllte. Ich erkannte, dass dies ihr wahres und ewiges Bild war. Es war nur einige wenige Sekunden da, dann schlief ich ein.

Nun lassen Sie mich erzählen, was zur gleichen Zeit mit ihr geschah. Ihre Schwiegertochter wollte nicht, dass sie im selben Zimmer sterben würde, in dem die Kinder schlafen, so brachte sie sie zurück in eines der Krankenhäuser, die ihre Behandlung vorher abgelehnt hatten. Das Personal im Krankenhaus kannte sie und wieder ließen sie sie nicht auf die Stationen, auf denen behandelt wurde. Sie blieben also im Warteraum der Notaufnahme sitzen. Diese bewusstlose Frau lag mit ihrem Kopf auf dem Schoss ihrer Schwiegertochter und sie bewegten sich nicht. Das Krankenhauspersonal wusste nicht, was sie mit ihnen machen sollten. Andere Patienten kamen und gingen.

Jeder versuchte nur, sie zu ignorieren. Um circa drei Uhr morgens kam ein Arzt an ihnen vorbei, der aus seiner Nachtschicht nach Hause ging. Er fuhr heim, aber als er in die Strasse einbog, kam ihm, dass er die Frau dort nicht liegen lassen konnte. Er fuhr zurück ins Krankenhaus. Gegen die Regeln ordnete er an, dass eine Abstellkammer im Keller leer geräumt, gereinigt und sterilisiert wurde. Dort ließ er ein Bett für die Frau aufstellen. Er ordnete an, dass sich alle auf sterile Techniken vorzubereiten hatten, was bedeutet, dass das Personal Handschuhe, Masken und Lappen tragen musste, die nach Gebrauch alle weggeworfen und verbrannt wurden.

Dies wird routinemäßig bei allen ansteckenden Krankheiten gemacht. Sie brachten die Frau in das Zimmer. Der Arzt gab ihr eine Infusion, um Flüssigkeit und Sauerstoff zuzuführen und ihr die Atmung zu erleichtern. Er reinigte die Wunde und wechselte den Verband. All dies wurde getan, damit sie sich so wohl wie möglich fühlen konnte, um wenigstens in etwas Würde und Frieden zu sterben. Er sagte der Familie, er würde in ungefähr zwölf Stunden zurückkommen und wieder nach ihr sehen. Keiner erwartete, dass sie in zwölf Stunden noch leben würde.

Als er zurückkam, war sie bei Bewusstsein. Zwölf Stunden später setzte sie sich in ihrem Bett auf und eine Woche später war sie wieder zu Hause. Die Wunde heilte innerhalb von zwei Wochen – unbehandelt, abgesehen vom Verbandswechsel. Einen Monat später ging sie zurück nach Mexiko. Noch Jahre später schrieb sie mir, bedankte sich, dass ich in jener Nacht für sie gebetet hatte und teilte mir mit, dass es ihr gut gehe. Schließlich dominierte dieses Verständnis in meinem Geist. Ich begann mit meinem ganzen Herzen zu glauben, dass diese Offenbarung Heilung in jede Situation bringen konnte, unabhängig davon, wie hoffnungslos sie auch sei. Letztlich hatte ich immer wieder über zu lange Zeit hinweg zu viel gesehen, um etwas anderes zu glauben.

KAPITEL ZEHN

WIR ERLEBEN DAS, WAS WIR DENKEN

Am Anfang glaubte ich wie jedermann, dass das, was ich mit meinen eigenen Augen sah, tatsächlich das war, was wahr ist. Wenn diese Erziehung und Philosophie einmal verinnerlicht ist, basiert das Leben nur auf dem, was man sieht. Und das wird nicht hinterfragt.

So lernen wir durch Erfahrungen und durch das, was wir gelehrt bekommen. Wir entwickeln das, was wir glauben durch das, was wir sehen, also durch das, was sich uns selbst durch das nackte Auge mitteilt. Dies ist eine sehr westliche Denkweise, wirklich. Ich war so fest in diesem Glauben verhaftet, dass es Jahre und Hunderte von Erfahrungen brauchte, bis ich in der Lage war, das zu verstehen, selbst wenn mich alle Beweise auf das Gegenteil hingewiesen hatten.

Noch einfacher gesagt, heute weiß ich, dass es unsere Vorstellungen und Einstellungen sind, die unsere Erfahrungen bestimmen. Das, was wir glauben, was die Wahrheit oder die Realität ist, entspricht nur dem, was wir als Erfahrungen wahrnehmen. Das ist nun eine sehr östliche Denkweise. Zuallererst müssen wir unsere Vorstellungen ändern, dann wird dem auch der physische Beweis folgen.

Ich spreche über Imagination. Erschaffen durch Vorstellungskraft. Henry David Thoreau hat einmal gesagt: „Lebe das Leben, so wie du es dir vorstellst." Und das tun wir tatsächlich! Ob gut oder schlecht, wir leben eben so, wie wir uns das vorstellen und das haben wir immer schon getan. Zuerst sehen wir die Dinge in unserem Geist und dann werden sie Realität.

Bevor jemand ein Haus baut oder ein Geschäft aufbaut, sogar bevor jemand heiratet oder eine Familie gründet, ist zuerst der Traum oder die Vorstellung davon da. Es kann auch eine Errungenschaft sein, wie einen Berg besteigen, in einer Sportart erfolgreich sein oder ein Musikinstrument spielen. In jeder Phase unseres Lebens wird uns gesagt, dass wir, um etwas zu erreichen, es zuerst in unserem Geiste sehen müssen. Wenn wir erschaffen, dann sollen wir ganz konkret sein. Je konkreter wir in unserer Vorstellung bezüglich eines bestimmten Zieles sind, desto konkreter wird die Antwort darauf sein. Sogar mein Golflehrer sagte mir, dass ich niemals den Ball in das Loch bekäme, wenn ich nicht die Vorstellung, wie ich den Schuss platzieren muss, dass der Ball ins Loch geht, in meinem Geist produzieren und während des Schusses vor meinem geistigen Auge halten kann.

Uns wird gesagt, dass wir „zuerst in Gottes Geist waren, bevor die Welt erschaffen wurde." Er hat sich uns und die ganze Schöpfung auch zuerst vorgestellt und dann erst nahm sie Form an.

SECHSTES PRINZIP AUF DEM WEG ZUM LEBEN

„Schau in die Richtung, in die du gehen möchtest"

Nun, was meinen Sie, was wir uns damit angetan haben, dass wir unseren Geist und unsere Vorstellung Tag für Tag mit der Angst vor Krankheit füllten und uns andauernd damit beschäftigten, mit welchen Anstrengungen, wir das Auftreten von Krankheiten verhindern könnten? Von Kindheit an wurden wir auf das Eintreffen von Krankheit oder zumindest auf die grundsätzliche Anfälligkeit oder die Empfänglichkeit für Krankheit programmiert. Mit diesem Schub in Richtung Vererbbarkeit genetischer Anlagen sind wir sogar zum Scheitern verurteilt, noch bevor wir überhaupt angefangen haben!

In diesen Zeiten, in denen wir so sehr mit der Art unserer Ernährung beschäftigt sind, muss ich sagen, dass die auf uns einstürmenden Gedanken und Vorstellungen, die wir auch unbewusst „essen" und in unser Denken aufnehmen, von weit größerer Bedeutung für das Entstehen von Krankheit sind als die physische Ernährung. Also geht es nicht so sehr um das, was wir essen, sondern darum, welchen Einflüssen wir erlauben, „uns zu essen".

Wie können wir uns bester Gesundheit erfreuen, wenn wir uns immer darum kümmern, den Leitsatz *„Wir erleben das, was wir denken"* nicht zu vergessen? Wie können wir Leben erschaffen, wenn wir immer nur auf Krankheit schauen? Sage ich hier etwa, dass wir zuerst an Krankheit denken und sie dann auch bekommen? Nein, das ist schon ziemlich unsinnig. Aber das, was ich sage, ist, dass wir als Menschen ein kollektives Gedankengut besitzen, welches bewirkt, dass wir den Glauben an die Anfälligkeit von Krankheit seit unserer Geburt mit uns herumtragen, *ohne ihn zu hinterfragen.* Wir tun das für uns und unsere Kinder. Wir stellen nie die Legitimation solch einer Erwartung in Frage. Wir öffnen uns für die Erfahrung von Krankheit, Chaos, Konflikt und Verwirrung in unserem Leben und in unserem Körper, indem wir es erlauben, dass das Negative täglich ungehindert durch unsere Gedanken hindurch fließt.

Es gibt Zeiten, in denen wir erleben, wie eine Welle einer bestimmten Krankheit durch die Klinik rauscht, nachdem eine berühmte Persönlichkeit damit infiziert worden ist und die Medien das zum Tagesthema gemacht haben. Ich erinnere mich, als bekannt gegeben wurde, dass eine prominente Persönlichkeit an einem Lymphom gestorben ist. Bis dahin hatten wir in der Klinik nichts mit diesem speziellen Krebstyp zu tun, obwohl wir schon viele verschiedene Arten von Krebs in der Klinik gemacht hatten. Ich sagte zu meinem Partner: „Pass auf. Wir werden eine Menge Anrufe wegen dieser Krankheit bekommen.“ Und so war es auch. In nur zwei Wochen hatten wir vier Termine mit dieser speziellen Diagnose.

KAPITEL ELF

DIE WAHRHEIT, DIE HEILT

In der ‚Holistischen Klinik' behandeln wir den Körper als eine Einheit. Wir glauben an die innere Ganzheit des Organismus. Wir richten unsere Aufmerksamkeit auf die Ordnung, die Balance und die Harmonie der Person als Ganzes. Angefangen von den einzelnen Zellen, die die Organe und die ganzen Systeme ausmachen, bis hin zur gesamten Struktur – Körper, Geist, Seele (Ausdruck), dem spirituellen Verständnis und der Entwicklung. Können Patienten in ein *Gefühl* der Ganzheit gebracht werden, ungeachtet dessen, was sie alles bezüglich ihres Körpers gehört haben, dann können sie damit rechnen, ihre Gesundheit wieder zu erlangen.

Die absolute Grundlage dieses Gedankens ist, dass Gott, der ‚göttliche Intelligenz' und ewige Weisheit ist, jeden von uns geschaffen hat. Nicht als eine unpersönliche genetische Struktur, so wie es uns heute immer gesagt wird, sondern durch seine eigene Vorstellung. Wir lesen, dass „die Welten durch das Wort Gottes geschaffen wurden". Wir alle wurden durch sein Wort geformt. Worte gehen vom Geist aus, der sie gedacht hat. Der Geist Gottes hat uns gedacht, hat sich uns vorgestellt und wir nahmen die Form an, die Er sich vorgestellt hatte. Er schuf die physische Welt aus dem, was Er in seinen Gedanken oder seinem Geist festgehalten hatte. Wir lesen, dass wir nach seiner Vorstellung und nach seinem Vorbild geschaffen wurden. „Ich bin der Herr und verändere mich nicht", heißt es über die unveränderliche Natur Gottes. Also, im Gegensatz zum heutigen theologischen Glauben, bleiben wir in diesem Status des Wunders, der Schönheit, der Perfektion und der Ordnung. Nicht, weil wir irgendetwas dafür getan haben. Nicht, weil wir es verdient haben. Sondern einzig und allein als Resultat der unveränderlichen Natur Gottes, der es so beschlossen hat. Sie müssen nur einmal die Wunder des menschlichen Körpers studieren, um zu begreifen, dass dies wahr ist. Wenn man von den merkwürdigen Überzeugungen, die wir uns durch die Beschäftigung mit den vielen Vorstellungen zugelegt haben, absieht, könnten wir uns der Herrlichkeit solch einer Existenz erfreuen. Die unveränderliche Natur Gottes sagt uns, dass sich in seinem Geiste nie etwas verändert hat.

Weil ich an die Perfektion des Körpers glaube, erwarte ich diese Manifestation in jedem meiner Patienten zu sehen. Während der Jahre habe ich gelernt, dass dieselbe Kraft, die uns nach seiner Vorstellung und seinem Vorbild schuf, uns auch seinem Bild entsprechend bewahren wird. Ich glaube mehr an diese Worte als an jegliche Krankheit, die diese verneint.

Wie Gedanken das Resultat von Krankheit beeinflussen

Wie geschieht das alles in unserem Körper? Wie lassen wir die generativen Gedanken herein? Wie können wir sie draußen lassen? Was sind einige der maßgebenden Gedanken, die das Leiden an Krankheit begleiten? Auf welcher Basis eliminieren wir solche verletzenden Gedanken?

Viele Leute haben in der Klinik ihre Gesundheit dadurch wieder gefunden, dass sie sich an das für sie und ihre speziellen Bedürfnisse ausgearbeitete Programm gehalten haben. Andere haben ihre Heilung unabsichtlich durch hartnäckige Ängste und Glaubensmuster blockiert, oder sie haben der Krankheit erlaubt zurückzukommen, nachdem ihnen gezeigt wurde, dass sie beseitigt worden war. Wieder andere erfahren eine neue Krankheit oder haben später in ihrem Leben ein erneutes Missgeschick. Deshalb wenden wir viel Zeit für das Aufdecken der Denkmuster auf, die oft mit einer bestimmten Krankheit einhergehen. Was das für Gedanken sind und wie sie beseitigt werden können, ist immer an den einzelnen Patienten gebunden.

Meine Lebenserfahrungen in meinen frühen Jahren, so um die Zeit der Geburt meiner zweiten Tochter, waren Ausdruck der Verwirrung und des Chaos meines Denkens und meines Lebens. So haben auch diejenigen, die in die Klinik kommen, einen fundamentalen Bedarf an einem Sinn für Ordnung, Balance und Harmonie, der ihnen zuerst in ihrem Denken und ihrem Leben und später dann in ihrem Körper gegeben werden muss. Um diese Ordnung herzustellen, bedarf es der

Beschäftigung mit vielen destruktiven Glaubensmustern und Erwartungen. Betrachten Sie unseren Körper als eine Stadt auf einem Hügel. Unser Denken ist die Mauer, die die Stadt umgibt. Unser Geist, das wirkliche Ich, das in unserem Bewusstsein lebt, ist der Pförtner. Wir entscheiden, welchen Gedanken wir erlauben, durch das Tor einzutreten. Wir müssen uns nicht mit jedem Gedanken, der daher kommt, beschäftigen. In der Bibelschule hatten wir einen Spruch: „Du kannst die Vögel nicht davon abhalten, über deinen Kopf zu fliegen, aber du kannst sie davon abhalten, ein Nest auf deinem Kopf zu bauen." Wir würden keinen Räuber, keinen Dieb oder keinen Mörder kampflos in unser Haus lassen. Aber wir erteilen solch ähnlich destruktiven Gedanken Zutritt zu unserer „Stadt".

Nehmen wir zum Beispiel einmal an, wir fahren eine Straße entlang, jemand schneidet uns so, dass wir fast im Straßengraben landen. Der erste Gedanke, der uns in so einer Situation kommen könnte, wäre Ärger auf die Verantwortungslosigkeit dieses Fahrers. Wir könnten ihn auch mit einem Schimpfwort belegen. Wir könnten ihm den Namen auch ins Gesicht schreien. Hier findet eine direkte Reaktion statt. Zuerst schicken Angst und Ärger eine Botschaft an unsere Nebennieren. Es wird mehr Adrenalin ausgeschüttet, was dazu führt, dass unsere Blutbahnen sich verengen. Dies vermindert die Zufuhr von Sauerstoff in unsere Zellen, was ein vorzeitiges Zellsterben begünstigt. Dies führt im Umkehrschluss dazu, dass das Auftreten von Krankheiten erhöht wird. Das ist sicherlich sehr vereinfacht dargestellt, aber trotzdem wahr. Nun lassen Sie uns sagen, wir gehen zur Arbeit und reagieren tagsüber auf all die stressigen Vorkommnisse. Das ist dann dieselbe Geschichte.

Jetzt gehen wir nach Hause und sehen uns noch mehrere Stunden im Fernsehen an, wie sich Leute gegenseitig umbringen oder in irgendeiner Art und Weise zerstören. Gleichzeitig ruft auch noch ein Vertreter einer Telemarketing-Agentur an. Dann ist es Zeit, ins Bett zu gehen. Den ganzen Tag über haben wir den negativen Gedanken wahllos gestattet, in unsere Stadt einzudringen.

Diese Gedanken zerstörten systematisch Zellen, unterbrachen den Fluss der verschiedenen Funktionen unserer Organe. Am Ende des Tages ist unsere Lebensenergie im roten Bereich. (Das nachfolgende Kapitel gibt eine exakte Beschreibung, wie das genau physiologisch passiert.) Wiederholen Sie dies nun Tag für Tag, sollten Sie sich nicht wundern, wenn Sie mit sämtlichen Symptomen von angegriffener Gesundheit und Krankheit enden.

Lassen Sie uns dieses Bild einmal umkehren. Sobald der erste Gedanke von Ärger gegenüber diesem verantwortungslosen Fahrer auftaucht, treffen wir die Wahl, nicht mit Ärger zu reagieren. Wir schauen „hinter" das Geschehen auf die reale Person. Auf die unveränderliche Christus-Natur, auf deren Grundlage diese Person geschaffen wurde. Die Tatsache, dass der Fahrer sich nicht auf diese Weise sieht und deshalb auf eine Art agiert, die der Natur Gottes unmöglich ist, heißt jedoch nicht, dass wir ihn auch so sehen müssen. Deshalb reagieren wir mit Gnade in dem Wissen, dass unsere Sicherheit und unser Schutz niemals in der Gnade eines anderen Menschen liegt, sondern immer durch die ‚göttliche Liebe' und Gnade aufrechterhalten wird. Dann hätten auch wir Gnade und keine harsche Verurteilung empfangen. Wir segnen ihn mit einem guten Tag und fahren entspannt weiter. In jeder anderen Situation treffen wir dieselbe Wahl. Kommen wir dann abends nach Hause, stellen wir einen positiven Fluss der Lebensenergie fest, eine innere Stärke und physische Vitalität, die wir nie zuvor erfahren haben. Das Prinzip ist, dass wir genau das ernten, was wir säen. Was wir aussenden, sogar in Gedanken, kehrt direkt zu uns zurück! Wir entscheiden uns dafür, ob das Gute oder das Negative in unser Leben *tritt,* obgleich wir uns dessen nicht immer bewusst sind.

SIEBTES PRINZIP AUF DEM WEG ZUM LEBEN

„Erlaube dir nur die Gedanken, die du erfahren willst"

Wir müssen lernen, auf die Gedanken zu hören, die in uns auftauchen. Sie kommen zu uns als eine Möglichkeit, zwischen Leben und Tod zu wählen. Die Menschen haben noch nicht verstanden, dass sie nicht jeden Gedanken akzeptieren müssen, der kommt. Dass er an die Tür unseres Denkens klopft, heißt noch lange nicht, dass wir ihn ‚besitzen' müssen. Wir müssen über jeden Gedanken nachdenken, so wie er kommt und entscheiden, ob er es wert ist, in unsere Stadt eingelassen zu werden. Segnet er uns oder schadet er uns? Er bewirkt das eine oder das andere. Wir haben immer die Möglichkeit, einen Gedanken abzulehnen und ihn durch einen anderen zu ersetzen. Wir sind immer noch der Pförtner an der Mauer.

Zuerst mag es uns ermüdend erscheinen, auf jeden Gedanken, der kommt, zu hören. Aber mit Fleiß und Übung entwickeln wir bald Denkgewohnheiten und Muster als Antwort. Wir werden uns selbst mehr lieben. Wir werden auch glücklicher und gesünder sein. Wir fühlen, dass wir unser Leben besser in der Hand haben als jemals zuvor.

Es spielt auch eine Rolle, was wir durch Filme, Bücher, Witze, Unterhaltungen usw. in uns hinein lassen. Wenn ich etwas anhöre, lese oder sehe, wird es meine Vitalität erhöhen oder beeinträchtigen? Absolut alles, was wir in uns hinein lassen, wird irgendeine Auswirkung auf unser Leben haben. Das ist ein Lebensgesetz, ein Prinzip, dem wir nicht entkommen können.

In einem Wort ausgedrückt: Das, was ich hier beschreibe, nennt man Weisheit. Weisheit ist etwas, was wir lernen müssen. Das Leben kann nicht einfach wahllos gelebt werden, mit dem alleinigen Ziel, das nächste Bedürfnis zu befriedigen oder sich das nächste Vergnügen zu gönnen. Das Leben muss gut durchdacht und mit Respekt behandelt werden. Der Beginn von Weisheit ist das Begreifen des Gesetzes von Ursache und Wirkung, von säen und ernten. „Wirf dein Brot aufs Wasser und es wird nach vielen Tagen zu dir zurückkehren." Das trifft auf das Gute zu, das wir durch Gedanken oder mit Worten und durch Taten zum Ausdruck bringen können. Demzufolge sind aber schlechte und destruktive Gedanken, Worte und Taten in gleichem Maße für unsere Umwelt schädlich wie sie das auch für uns selbst sind. Jede Tat hat eine Konsequenz. Viel mehr als wir wissen. Krankheit tritt nicht einfach so auf.

Scheidung passiert nicht einfach so. Armut ist nicht einfach das Los im Leben.

Während es so aussehen mag, als hätten diese Dinge physische Ursachen, bin ich zu dem Schluss gekommen, dass alles einen ‚wahren Grund' hinter der vordergründigen Szenerie in der unsichtbaren Welt der Gedanken hat. Dies wird für uns in unserem Leben nicht schwierig zu verstehen oder zu korrigieren sein.

Denken Sie daran, es sind die „kleinen Dinge, die den Wein versüßen." Wir müssen mit den täglichen Möglichkeiten beginnen, die uns in die Lage versetzen, die schwierigeren auf unserem Weg zu meistern. In Jeremiah Kapitel 12, Vers 5 heißt es: „Gott sprach zu mir: Wenn du schon mit Fußgängern kaum Schritt halten kannst, wie willst du dann mit Pferden um die Wette laufen? Und wenn du dich nur im friedlichen Land sicher fühlst, was willst du dann erst im gefährlichen Dickicht am Jordan tun?"

Wenn wir den gegensätzlichen wahren Gedanken zu dem existierenden negativen Gedanken nicht kennen, dann legen wir einfach alles in den Geist Gottes. Der Geist Gottes wohnt in uns. Er ist unser wirklicher Geist, unabhängig von allen weltlichen Gedanken, die uns normalerweise unterhalten. Wir bringen einfach Stille in unsere empfänglichen Gedanken, fragen nach einem klaren, reinen Gedanken oder einem Verständnis des Geistes Gottes und warten auf eine Antwort. Sie wird immer kommen.

Die Antworten, nach denen wir suchen, können nur aus der Stille unserer Seele kommen. Es ist Zeit, die Gewohnheit zu entwickeln, innezuhalten, zuzuhören und auf die Richtung zu warten. Es ist viel schwieriger, sich diese Gewohnheit während einer ernsthaften Krise anzueignen, wenn wir sie nicht vorher bereits entwickelt haben. Dann werden wir genau in demselben destruktiven Ausmaß mit den Tagesereignissen der Welt überflutet, wie dies gegenwärtig alle Menschen erleben.

KAPITEL ZWÖLF

EINIGE PROBLEMATISCHE GEDANKEN UND GLAUBENSMUSTER

Menschen, insbesondere solche mit gefährlichen Krankheiten, die in die Klinik kommen, drücken Gedanken und Gefühle aus, als würden sie die Leiden aus dem einen oder anderen Grund verdienen. Auf der anderen Seite hingegen gibt es Menschen, die sich wundern, warum sie leiden, obwohl sie ein ‚gutes Leben' geführt haben. Sie halten diese Strafe für ungerechtfertigt. Bei beiden geht es um den gleichen Glauben in gegensätzlicher Form.

Einige wiederum denken, das Leben sei nur ein Zufall und dass sie mit dem, was geschieht, überhaupt nichts zu tun hätten. Dies nennen wir Fatalismus, ihr Gott ist der ‚Zufall'.

Andere sind so in den medizinischen Theorien von Vererbung, Ansteckung usw. verwurzelt, dass sie das Leben nur als physische Ursache und Wirkung betrachten.

Lassen Sie uns die Wurzeln einiger dieser Glaubensmuster betrachten. Dies ist wahrscheinlich das einzige und wichtigste Thema, das wir erforschen müssen, denn so lange dies nicht verstanden und aus unserem Denken entfernt worden ist, werden wir, ohne es zu wollen, an unseren Krankheiten und Leiden festhalten. Kein Programm der Welt wird fähig sein, solch ein hartnäckiges Urteil umzukehren. Unsere eigenen festgefahrenen Urteile blockieren unsere Fähigkeit, die Dinge, die wir uns wünschen und um die wir beten, zu empfangen.

Dies sollten Sie wissen. Alles, was wir uns wünschen, ist und war bereits immer schon für uns verfügbar – immer! Unsere Empfänglichkeit ist das Problem, nicht Gottes Bereitschaft. ‚Göttliches Leben' ist die Quelle unseres Lebens – allen Lebens. Es ist um uns herum und auch in uns. Auch wenn wir es versuchen, wir können uns ihm nicht entziehen. Es hält niemals zurück. Es hat in sich gar nicht die Möglichkeit, etwas zurück zu halten. Wir selbst blockieren unsere Fähigkeit, dieses Leben zu empfangen und zu genießen.

Wenn wir uns Ihm in unseren Herzen zuwenden, jetzt in diesem Moment und den Wunsch haben zu verstehen, wird das Verständnis kommen.

Dies führt sofort zu Glaubensmustern von ‚es wert sein'. Bin ich es wert, krank zu sein? Bin ich es wert, gesund zu sein? Was kann ich tun, damit ich es wert bin? Was habe ich getan, dass ich es nicht wert bin? Es ist genug, dass Gott oder das ‚göttliche Leben' es wert ist! Glauben Sie mir, wenn ich Ihnen sage, dass es nicht um unsere eigenes ‚wert sein' geht. Wir werden nicht nach unserer Gerechtigkeit gerichtet sondern nach seiner eigenen. Die meisten Kirchen lehren, dass wir uns selbst vor Gott würdig machen müssen, um etwas von Ihm zu empfangen. Obwohl sie dies vehement abstreiten, drücken ihre Dogmen und die erwarteten Verhaltensweisen das Gegenteil aus.

Der soziale und berufliche Status bewertet den Wert, die Position und den Respekt einer Person als ‚Verdienst'. Viele Eltern enthalten ihren Kindern Wohlwollen und Zuneigung so lange vor, bis sie diese ‚verdient' haben. In dieses soziale Bewusstsein sind wir hinein geboren. Hier geht es darum, die Rücksichtslosigkeit und Zügellosigkeit der menschlichen Natur unter Kontrolle zu halten. Aber Gott ist anders. Die Natur und die Maßstäbe Gottes können nicht nach den menschlichen Gesetzen beurteilt werden. Deshalb ist dieses Konzept für die Menschen schwer verständlich. Gottes Gericht entspricht seiner Natur, die tief in uns wohnt, nicht in unseren Werken. Das Gericht Gottes ist Gnade – und das immer so. „Die Güte Gottes führt die Menschen zur Reue." Für die Leser, die Bibelschüler sind, erinnern Sie sich daran, dass es der „Thron der Gnade" ist, der eine dominante Rolle im „Allerheiligsten" spielt und die Bundeslade enthält.

Nichts erreicht die verhärteten Herzen der Menschen so sehr wie das Urteil der Gnade. Wenn wir wissen, dass wir in unserem Leben Fehler gemacht haben und uns fühlen, als ob wir Strafe verdienten und wenn wir dann nach oben schauen und statt dessen nur Zärtlichkeit und Gnade finden – das selbst verändert bereits unser Leben.

Es gibt für keinen Menschen irgendeinen Grund, Krankheit zu verdienen, um die Rechnung seines schlechten Verhaltens zu begleichen.

Erstens können wir auf der menschlichen Ebene unsere grundlegende menschliche Natur nicht verändern. Wir können ein wenig hier und dort aufräumen, aber selbst dann wird uns gesagt, dass „unsere ganze Gerechtigkeit wie ein schmutziges Tuch" sei. Deshalb werden wir in der Bibel dazu angewiesen, unsere menschliche Natur „für tot zu erklären", die alte menschliche Natur mit all ihrer Last für tot zu erklären. Hier geht es nicht um ein Wiederherstellen. Wir sollten nur der Idee, wir könnten etwas tun, um uns selbst würdig zu machen, den Rücken kehren. Ein Zebra kann seine Streifen nicht verändern. Was wir brauchen, ist Verstehen und die Bereitschaft zu empfangen, es geht nicht um ‚würdig sein'.

Zweitens sieht uns Gott nicht als unwürdig an. Er sieht nur das, was Er gemacht hat. Auch wenn wir unser Leben auf einer Ebene gelebt haben, welche die Welt als unwürdig bezeichnet, sieht uns Gott durch seine Augen, nicht durch unsere, auch nicht durch die der anderen. Wir sind „gewaltig und wundervoll gemacht." Wenn wir uns nicht dementsprechend verhalten, geschieht dies, weil wir es nicht wissen. Wir leben ein Drama aus, eine Rolle, entsprechend unserer Sichtweise. Unsere Veränderung wird nicht dann kommen, wenn wir versuchen, uns selbst zu verbessern, sondern wenn wir uns entscheiden, das zu akzeptieren, was Gott trotz unseres Urteils über die Angelegenheit als wahr ansieht.

Der letzte Grund, weshalb es nicht um unsere Meinung über uns selbst geht, die unser Wertegefühl projiziert hat, das uns zwingt, uns entweder als ‚würdig' oder als ‚unwürdig' sehen zu müssen, ist folgendes: Wer hat uns zu Richtern gemacht? Wenn wir uns selbst richten, richten wir auch alle anderen. Dieser Gedankengang bewirkt, dass wir uns entweder selbst verdammen oder dass wir selbstgerecht werden. Beide Verhaltensweisen sind gleichsam zerstörerisch. „Was immer wir verurteilen, wird zu uns zurückkehren", erinnern Sie sich an diesen Satz? Es wäre besser, wenn wir lernen würden, durch die

Augen der ‚göttlichen Liebe' zu sehen, um diese Liebe zu uns zurückfließen zu lassen. Dies allein hilft uns, unsere Ganzheit zu erkennen. Erinnern Sie sich: „Er lässt die Sonne über den Bösen und den Guten aufgehen und lässt es regnen über die Gerechten und Ungerechten." Wir müssen lernen, uns selbst zu vergeben.

Dies wird uns leicht fallen, wenn wir beginnen, anderen zu vergeben. Die einzig vorherrschende Einstellung in der Klinik ist folgende: Unabhängig davon, in welchem Zustand, wie schwach auch immer der Patient in die Klinik kommen mag, ist dieser Zustand jeweils das Resultat des Bildes über das Leben, das die Welt auf ihn projiziert hat. Da das Bild der Welt das vollkommene Gegenteil des Bildes Gottes ist, von der Art, wie Er seine Schöpfung betrachtet, haben wir uns hier in der Klinik entschlossen, nicht an das, was wir sehen, sondern an den wirklichen, unveränderlichen Zustand des Seins zu glauben. Dies gibt uns die Zuversicht, die wir haben, dass die ‚göttliche Liebe' und das ewige Wissen Gottes mit uns ist. Wir sind davon überzeugt, dass jede Person gesund sein kann und soll. Während der letzten 25 Jahre hat sich dies als eine solide Wahrheit erwiesen, auf die wir uns verlassen können. Täglich werden wir Zeuge der wundervollsten Ergebnisse dessen, unabhängig vom Namen oder der Manifestation des Problems.

Aber hin und wieder erscheint noch ein Widerstand gegen die Bemühungen, ungeachtet dessen, was wir als Wahrheit kennen und unabhängig von der Art des Programms, das wir uns für den Patienten ausdenken. Auch wenn wir vorher dasselbe Problem bereits hundertmal erfolgreich behandelt haben, gibt es immer ein oder zwei Personen, die darauf nicht reagieren. Es kommt auch manchmal vor, dass es ihnen vorübergehend besser geht. Dann fallen sie aber oft wieder in ihr altes Problem. Ich fand heraus, dass diese Menschen an bestimmten Gedanken, Ängste und Erwartungen, an bestimmten Gedankenmustern festhielten, die ihre eigene Heilung blockieren. Die östliche Medizin lehrt uns, dass Krankheit entsteht, wenn der Energiefluss an einer Stelle im Körper blockiert ist. Sie nennen dies angestaute Energie. Ich nenne es ‚den Lebensfluss unterbrechen'.

Es sind diese komischen Glaubensmuster und die daraus folgenden Erwartungen, die den Lebensfluss unterbrechen.

Würden wir all unsere Bemühungen, so zu leben, wie wir leben sollten, beenden und dafür den Geist des Lebens einfach fließen und sein Leben durch uns leben *lassen*, hätten wir eine mühelose und freudvolle Existenz und auch eine gesunde Existenz. Können Sie sich an Situationen erinnern, die Sie dazu brachten, die Nase voll davon zu haben, Gott andauernd gefallen zu wollen – Gott hat an solchen Bemühungen kein Interesse. Unsere Existenz ist ein Vergnügen für Gott. Er hat uns erwählt, nicht umgekehrt.

Werden Sie an dieser Stelle für einen Moment still und *erfühlen* Sie, wie es sich anfühlt, zu wissen, dass Gott uns zulächelt, uns liebt und sich genau jetzt an uns erfreut. Lassen Sie uns für eine Minute all die Urteile über uns selbst und die Gedanken über unsere Fehler im Leben vergessen. Selbstverständlich macht Er es selbst ebenso, wenn Er uns sagt, wir sollen „siebzig mal siebzig Mal" vergeben. Selbstverständlich wird Er, wenn Er uns bittet, dass wir nicht nach den äußeren Erscheinungsformen urteilen sollen, selbst auch nicht auf diese Weise urteilen. Stattdessen jedoch wird Er so handeln, wie Er es uns empfohlen hat: Jeden und alles in der Schöpfung wird Er mit Augen „sehen", die durch den Schleier der Vergänglichkeit blicken, um die Wunder des ‚göttlichen Lebens' und der ‚göttlichen Liebe' wortlos festzuhalten.

Ebenso müssen wir die Wahrheit umarmen, die lehrt: „Ein Mensch ist das, was er denkt." Wenn wir uns selbst als lebendige Beispiele Gottes vollkommener Balance, Harmonie und Ordnung sehen, wird diese Wahrnehmung unsere Wirklichkeit verändern.

KAPITEL DREIZEHN

DIE KLINIK

Die Klinik war die anfängliche Bemühung, von harten, medikamentösen Therapien und entkräftenden Operationen wegzukommen. Die Grundidee war, den Körper wieder in einen Zustand von Balance und Ordnung zu versetzen, wobei er sich selbst heilen kann. Wir kehren zurück zu einfachen, grundsätzlichen Wahrheiten über den Körper. Wir kehren zurück zum Vertrauen, dem Vertrauen in den Körper, dass er so funktioniert, wie Gott es in der Konzeption seines Geistes gewollt hat. Wir nehmen die Gegenwart der ‚göttlichen Ordnung und Intelligenz' in jeder Zelle und in jedem System wahr.

Das war der Beginn des Einstiegs in ein Konzept der gewaltlosen Behandlung des Körpers. Damit meinen wir, dass wir nicht länger daran glauben, dass wir automatisch mitten in eine Situation mit giftigen Medikamenten oder mit Operationen eingreifen müssen, um das Problem zu lösen. Im Gegenteil, wir beseitigen behutsam das, was die natürlichen Funktionen des Körpers behindert, damit er sich selbst heilen kann. Manchmal waren diese Behinderungen physischer, manchmal emotionaler Art. Aber die größten aller Behinderungen waren die im Denken der Menschen eingepflanzten mentalen Vorstellungen. Oftmals war es der Horror ihrer eigenen Konditionierung oder der Horror vor Krankheit im Allgemeinen. Darauf folgte die nachfolgende Unfähigkeit ihrer Körper, sich selbst ohne die Hilfe von künstlichen Mitteln zu heilen. Manche heilten überhaupt nicht.

Wir wissen, dass gesunde Gedanken und Emotionen einen starken, positiven Effekt und negative Gedanken und Gefühle definitiv einen schädlichen Einfluss auf die Gesundheit und die Stärke des Körpers haben. Tatsächlich sind negative Gedanken eine direkte Belastung für die Stärke und den Fluss der Lebensenergie. Aber wie genau funktioniert das? Was passiert, physiologisch gesprochen, im Körper? Wie kommt es dadurch zum tatsächlichen Krankheitsprozess? Und dieser entsteht wirklich! Dadurch, dass wir uns diese Frage in der Klinik schon von Anfang an gestellt und die Antwort darauf entdeckt haben, waren wir in der glücklichen Lage, in den letzten 25 Jahren viele dauerhafte Heilungen zu sehen. Durch dieses Verständnis fanden wir Ursachen für Krankheiten, die bis dahin nicht bekannt waren. Wir fanden heraus, wie und warum sie genau diese Auswirkungen auf den Körper haben. Wir fanden offensichtliche Erklärungen bis hin zu unlösbaren physischen und emotionalen Problemen. Wir sahen, wie sich Leben verändert haben und Hoffnung wieder hergestellt wurde. Wir sahen, wie die Körper, die häusliche Atmosphäre und die Familien vieler sich heilten.

Was für eine Freude für mich, in etwas involviert zu sein, das wir in der Klinik als ‚das Brechen der Gesetze einer Krankheit' bezeichnen. Jede Krankheit erscheint mit ihrem für sie speziellen Gepäck bestehend aus universell absoluten und mit individuell eigenen Gesetzmäßigkeiten. Die Krankheit sieht so und so aus. Sie agiert so und so. Sie schreitet so und so voran. Und dann wirst du planmäßig sterben! Das Buch der Prediger aus dem Alten Testament der Bibel sagt im siebten Kapitel: „Nur dieses eine habe ich gelernt: Gott hat die Menschen aufrichtig und wahrhaftig geschaffen, jetzt aber sind sie falsch und berechnend.“ Welche beängstigenden Bilder unterhalten wir! Was für ein Kontrast zu dem Bild, das Gott für uns bestimmt hat!

Lassen Sie uns nun den physischen Körper untersuchen, wie er sich zu Gesundheit und Krankheit, sowie zu seiner äußeren Umwelt verhält. Nach und nach werden wir die Lücke zwischen Emotionen und Gedanken und deren Auswirkungen auf den physischen Körper schließen. Wir werden genau verstehen, wie unsere Gefühle und die Dinge, die wir auf unserem inneren Bildschirm im Geist sehen, eine Verbindung zum hysischen Körper schaffen. Wie produziert etwas Illusorisches oder Konzeptionelles wie ein Gedanke so etwas Solides und Konkretes wie eine Krankheit?

Das Immunsystem

In der Medizin haben wir erkannt, dass der Körper etwas hat, was wir Abwehrmechanismus nennen – Frontlinien der Abwehr, die den Körper in einem gesunden Zustand halten. Diese vielen internen Mechanismen funktionieren automatisch. Wir denken nicht viel über sie nach, bis etwas schief läuft. Wenn Sie Symptome haben oder eine Krankheitsdiagnose gestellt wurde, sind diese Fronten bereits zusammengebrochen, das lehren wir. Wir wollen herausfinden, warum das so ist und den Ursprung dessen, was unser Abwehrsystem verletzt hat, entfernen. Dann bauen wir das Abwehrsystem wieder zu seiner optimalen Stärke auf. Dabei erleichtern wir den Körper von den unerwünschten Symptomen. Es geht hier um das, was allgemein als Immunsystem bezeichnet wird.

Der Körper beinhaltet verschiedene unterschiedliche Typen von weißen Blutkörperchen. Alle arbeiten zusammen, um den Körper von den angesammelten, giftigen Abfallstoffen und schädlichen Mikroorganismen zu befreien. Je größer die Anhäufung von Abfallstoffen ist, desto mehr weiße Blutkörperchen werden gebraucht, um sie zu zerstören und die schädlichen Proteine zu beseitigen. Dieser Prozess wird Phagozytose genannt.

Das Immunsystem enthält außerdem ein lymphatisches System. Ähnlich wie die Blutgefässe ist auch das Lymphsystem ein Fluss, ein Fließen eines dünnen, weißen Fluidums, das zellulären Abfall aus dem Körper trägt. Wird die Akkumulation dieses Abfalls zu groß, dann wird das Fluidum dick, staut sich und ist unfähig zu fließen. Sie können dann sogar eine Verdickung entlang der Lymphkette vorfinden. Das wird als gestauter Lymphknoten bezeichnet. Damit das System wieder funktionieren kann, muss es erneut angeregt und seine Reinheit und sein Fluss wieder hergestellt werden.

Ein einfacher Weg, diesen Prozess zu beschreiben, ist, sich Ihren Körper wie ein Schloss auf einem Hügel vorzustellen. Es gibt eine Armee von Soldaten, die die Stadt im Innern bewacht (die weißen Blutkörperchen). Es gibt auch eine Mauer, die die Stadt zur weiteren Sicherheit umgibt (das Lymphsystem). Und dann gibt es noch Soldaten, die an der Mauer Wache stehen (das sind andere weiße Blutkörperchen). Wenn eine Invasion in die Stadt eingefallen ist, dann können Sie schnell sehen, dass die verschiedenen Verteidigungslinien aufhören, so zu funktionieren, wie sie beabsichtigt waren.

In der Zeit vor der holistischen Therapie wurden Medikamente gegeben, um die Symptome zu behandeln, die diesen Effekt auslösten. Diese bedeckten die Schreie der Stadt in der Absicht, sie zum Schweigen zu bringen, um sie in dem Glauben zu lassen, es sei alles in Ordnung. Die Medikamente zerstörten die Stadt jedoch durch ihre giftigen Chemikalien noch mehr. Der größte Verstoß war, dass das wirkliche Problem nie angeschaut wurde. Deshalb sagen wir, dass Medikamente die Symptome behandeln, nicht aber die Ursachen. Oder sie schneiden die Folgen heraus, ohne sich mit der Ursache des Problems zu beschäftigen, wie z. B. im Falle von Operationen. So wird die Stadt schwächer und ist immer weniger in der Lage, sich zu verteidigen, bis sie letztendlich vollständig zusammenbricht. Dann wird die Krankheit für den letztendlichen Kollaps verantwortlich gemacht, während der wahre Zerstörer, über eine längere Zeit gesehen, das Gift der Medikamente oder die Schwächung durch extensive Operationen war. Verordnete Medikamente sind laut Statistik die vierte größte Todesursache in den USA. Wir würden sie an erste Stelle setzen.

Als die medizinische Spezialisierung immer mehr fortschritt, wurde der Patienten als Leber, Darm oder Niere gesehen. Man musste sich zuerst selbst diagnostizieren, um dann zu wissen, zu welchem Arzt man gehen sollte. Der Körper wurde aufgeteilt. Es gab niemanden mehr, der den Patient als Ganzes sah, sondern jedes System wurde unabhängig vom anderen betrachtet.

An diesem Punkt kollidierten die von einem Spezialisten verschriebenen Medikamente mit denen von einem anderen. Die rechte Hand wusste nicht, was die linke tat. Chaos und Verwirrung waren das Resultat. Der Körper wurde so sehr mit Medikamenten voll geschüttet und vergiftet, dass er nicht länger in der Lage war, seine fundamentalen Schutzfunktionen und internen Erneuerungen aufrecht zu erhalten. Am Horizont erschienen viele neue Krankheiten. Das Resultat war, dass es noch mehr neue Medikamente gab.

Die Welt war bereit für eine andere, weisere, eine holistische Angehensweise (abgeleitet von dem englischen Wort *whole* = ganz – eine einzige, ganze Einheit). Seit dem Tag, als sich die Türen der Klinik öffneten, gab es eine überwältigende Anfrage, Heilung auf holistische Weise anzugehen. Daran konnte ich sehen, dass die Zeit reif war. Es war eine Klinik zur Behandlung von degenerativen Erkrankungen. Dies sind Krankheiten, die nach einem Zusammenbruch im Körper beginnen, im Gegensatz zu mechanischen Problemen wie Geburtsdefekte oder Traumen, also durch Unfall bedingte Verletzungen.

Ich betrat die Welt der Medizin im Jahr 1962. Ich kann Ihnen sagen, dass damals nicht einmal die Hälfte der heutigen degenerativen Erkrankungen bekannt waren. Wir sind wirklich zu einer kranken Gesellschaft geworden mit all den Veröffentlichungen, den Vorstellungen und Beschreibungen da draußen, die unseren Geist mit Angst und der Furcht vor Krankheit überschwemmen. Diese Massenhysterie ist ansteckend, sie reproduziert sich nach ihrer eigenen Vorlage.

Mit dem Erscheinen von Penicillin wurden die meisten Infektionskrankheiten letztendlich geheilt oder zumindest unter Kontrolle gebracht. Was für ein Geschenk! Ich kann mich an Leute erinnern, die vor Freude über diese Neuigkeit weinten. Antibiotika wurden bald zum Allheilmittel für jede Erkrankung, die den Menschen befiel. Sie wurden freizügig und wahllos benutzt und ersetzten die Funktion unseres eigenen Immunsystems. Selbst heute wird kaum ein Neugeborenes aus dem Krankenhaus entlassen, ohne seine erste Runde von Antibiotika erhalten zu haben. Warum sollte der Körper sein eigenes Verteidigungssystem entwickeln, wenn wir ihm ständig diese Arbeit abnehmen? Es ist das gleiche, wie wenn ich eine ausländische Armee beauftrage, die Stadt zu verteidigen, anstatt eine eigene Armee innerhalb der Stadtmauern zu trainieren. So wird der Körper von Antibiotika abhängig, damit er sich selbst verteidigen kann. Die nächste Stufe ist die Degeneration von Innen. Erinnern Sie sich, wie Antibiotika entwickelt wurden – aus Schimmel, der auf einer Scheibe Brot wächst? Es wurde entdeckt, dass Schimmel, wenn er in den Körper injiziert wird, die Bakterien tötet. Aber was passiert mit dem Schimmel, der zurück gelassen wurde, weiter wächst und überhand nimmt?

Was ist mit den gesunden, *freundlichen* Bakterien, die durch die unvorstellbare Stärke der verabreichten Antibiotika wahllos getötet werden? Diese freundlichen Bakterien sind notwendig für die interne Balance und Ordnung. Eine der Funktionen der ‚guten' Bakterien ist das Niederhalten der Überproduktion von krankheitsproduzierender Hefe im Körper. Es gibt ganze Reihen von Büchern und Literatur über das Thema Überproduktion von Hefe, welches ein direktes Resultat der Einnahme von Antibiotika ist. Viele, wenn nicht die meisten, degenerativen Erkrankungen haben ihren Ursprung in der überwältigenden Menge von Candida-Hefe. In Deutschland wurde dies zuerst als Jerich-Hertzheimer Reaktion bezeichnet. Wenn wir zu diesem Thema Nachforschungen anstellen, dann werden wir feststellen, dass die meisten der heute so häufig verbreiteten, neuen Krankheiten nach Einführung der Antibiotika auftraten. Diese Hefe ist dafür verantwortlich, Unmengen von Giften innerhalb des Systems freizusetzen. Viele meiner Patienten könnten den Beginn ihrer Symptome an den Zeitpunkt zurückverfolgen, als sie das erste Mal eine oder zwei Antibiotika-Kuren gemacht hatten. Dieser Zeitpunkt lag zum Teil schon mehr als drei Jahre zurück.

Freundliche Bakterien sind auch notwendig für die Produktion und Nutzung des Vitamin-B-Komplexes. Diese sind für die Gesundheit unseres Verdauungs- und Nervensystems essentiell. Sie werden durch Antibiotika zerstört. Sehen Sie, wie durch nur ein Beispiel von aggressiv eindringenden Behandlungen so viele normale Körperfunktionen beeinträchtigt werden und wie viele neue Probleme im Körper dadurch auftreten? Das ist nur ein Beispiel dafür, warum in unserer heutigen Gesellschaft chronische Krankheiten so häufig auftreten.

Das Wort Metabolismus bezieht sich auf die Funktionen des ganzen Körpers im Allgemeinen, jedoch auf die Zellen und darauf, wie diese ihre Aufgaben durchführen im Spezifischen: Hierzu gehört, wie Sie Nährstoffe aufnehmen, diese verwerten und so verteilen, dass sie da vorhanden sind, wo sie gebraucht werden, um den giftigen Abfall beseitigen und wieder neue, kraftvolle Zellen produzieren zu können.

Das ist unser ganz spezieller Fokus in der Klinik. Wir versuchen herauszufinden, wo dieser Metabolismus innerhalb der Zellen zusammengebrochen ist und korrigieren ihn direkt an der Ursache. Wir haben viele Stellen gefunden, wo das Eindringen in unser System möglich ist, was dieses ziemlich beeinträchtigt. Medikamentenmissbrauch von lizenzierten, legalen Medikamenten ist sicherlich die Hauptursache dafür. Wahlloser Gebrauch von Immunisierungsmitteln (zu viel, zu jung) ist ein anderer. Dadurch wird das Verteidigungssystem des Neugeborenen überlastet und überbeansprucht, noch bevor es überhaupt die Zeit hatte, sich zu entwickeln. Könnte dies der Grund für den trügerischen plötzlichen Kindstod sein? Viele von uns glauben, dass es so ist.

Umweltgifte wie Blei, Cadmium, Quecksilber, Kupfer und Aluminium sind weitere ernsthafte und extrem weit verbreitete Quellen für innere Gifte. Viele von ihnen sind die direkten Ursachen von speziellen Krankheiten. Das Trinkwasser enthält mehrere dieser Gifte. Es handelt sich hier um Verunreinigungen oder Metalle, die aus den Trinkwasserleitungen heraus gewaschen werden. Auch im Boden, in dem unsere Lebensmittel wachsen, finden sich viele dieser Gifte. Wir haben herausgefunden, dass dies keine einzelnen und isolierten Vorkommnisse sind. Aber nur selten findet man einen Körper, in dem nicht wenigstens ein oder mehrere giftige Metalle gefunden werden können, was ein weiterer Grund für einen inneren Zusammenbruch ist darstellen kann.

Ein weiterer häufiger Grund für innere Krankheit ist die überwältigende Anwesenheit von Parasiten im System. Wenn wir den Körper entgiften, können sogar die Patienten selbst diese stummen Gäste sehen. Die meisten Ärzte in den USA haben die Tendenz, das Ausmaß dieses Problems zu verneinen. Sicherlich deshalb, weil sie Parasiten nicht als eine wichtige Ursache für die vielen Probleme, die sie täglich sehen, erkennen. Teilweise hängt dies auch damit zusammen, dass die Testmethoden in den USA im Gegensatz zu anderen Ländern, in welchen die Anwesenheit von Parasiten und die daraus resultierenden Krankheiten bereits anerkannter sind, zweitrangig sind.

Ist es nicht verrückt, dass wir das einzige hoch entwickelte Land sind, das nicht routinemäßig jährlich seine Kinder entwurmt? Aber für unsere Haustiere tun wir das!

Ich erinnere mich an verschiedene Gelegenheiten, als ich persönlich Proben von Parasiten zu den Laboren in der Stadt bringen musste. Die einzige Antwort, die ich bekam, war, dass die Patienten etwas gegessen hätten, was die Parasiten enthalten hatte! Ich dachte verwundert, was in der Welt dieser Fachmann wohl essen würde, um so etwas sagen zu können! Frustriert nahm ich diese Proben und brachte sie nach Mexiko, wo sie auf Parasiten getestet wurden. Die Ärzte und Fachleute sollten ganz schnell Bücher mit den Bildern von denselben Parasiten, die ich ihnen brachte, erstellen. Parasiten sind in jedem anderen Land ein wohlbekanntes und ernstes Problem. Sie sind auch dafür bekannt, eine direkte Ursache vieler Symptome und Krankheiten zu sein, speziell im Verdauungstrakt, im Darm und im neurologischen Bereich. Wir glauben, dass unser Immunsystem die Anwesenheit dieser fremden Substanzen nicht in solch reichem Maße erlaubt, wenn es stark und gesund ist. Also findet sich das Problem wieder einmal innerhalb der Parameter des Immunsystems. Ein System, das Parasiten enthält, ist bereits ein gefährdetes System. Wir bezeichnen diese Parasiten als opportunistische Organismen. Das heißt, dass sie nur zunehmen können, wenn etwas anderes das Immunsystem bereits in Mitleidenschaft gezogen hat. So zieht unsere Suche nach der Ursache immer weitere Kreise.

Ich habe hier über Gifte gesprochen, jene unwillkommenen Substanzen, egal aus welcher Quelle, die innerhalb unseres Körpers residieren. Es gibt wesentlich mehr, was hier noch diskutiert werden könnte. Jedoch genügt es zu sagen, dass eine Toxaemie, die Anwesenheit von Giften im Blut – und somit auch in den Zellen – die grundlegendste physische Ursache für alle Krankheiten darstellt. Das Entfernen dieser fremden Proteine erzeugt einen dramatischen und oft sofortigen und dauerhaften Effekt. Die dann darauf folgende Erneuerung des Zelllebens und die generelle, allgemeine Balance des Systems reicht meistens aus, was es braucht, um eine radikale Verbesserung zu sehen. Dies ist unabhängig davon, wie sich die Krankheit manifestiert hat. Alles, was degeneriert ist, kann auch wieder regeneriert werden – alles!

Ich nehme Sie jetzt auf eine Reise in das Innere des Körpers, speziell in das Innere der Zellen und auch der Organe im Allgemeinen mit. Ich hoffe, ich kann Ihnen dadurch die Wunder des Körpers zeigen und Sie in die ‚göttliche Intelligenz' einführen, die innerhalb jeder Zelle wohnt, sowie in die ‚göttliche Ordnung', die in diesem ganzen System herrscht. Dies wird und dafür bete ich, Ihnen helfen, etwas darüber zu lernen, was wir alle verloren haben, etwas, das durch die moderne Medizin untergegangen ist. Und das ist Vertrauen, ein Vertrauen in Ihren Körper und das Vertrauen in das Leben, das alles zusammenbringt und zusammenhält. Durch dieses Vertrauen wachsen Ihr Respekt vor dem Körper, Ihre Bewunderung, Ihre Dankbarkeit und Ihre positiven Erwartungen.

Ich möchte Ihnen auch zeigen, wie Geist und Körperzusammenarbeiten. Wir alle wissen, dass Emotionen eine Auswirkung auf den Körper haben. Ich möchte Ihnen zeigen, wie das alles zusammenspielt, im Positiven, wie im Negativen.

KAPITEL VIERZEHN

DIE LÜCKE ZWISCHEN KÖRPER UND GEIST VERBINDEN

Die Nebennieren: Den Körper ins Gleichgewicht und in Ordnung bringen

Von all den verschiedenen Aufgaben der Klinik liegt die grundlegende Aufmerksamkeit auf der Wiederherstellung der Nebennieren und deren Funktionstüchtigkeit. Nicht ordentlich arbeitende Nebennieren sind die Ursache aller zellulären Degenerationen und folglich aller Stoffwechselerkrankungen. Die Nebennieren sind auch der Sitz aller emotionalen Reaktionen innerhalb des Körpers. Deshalb besteht eine Verbindung zwischen dem Abfluss negativer Gefühle und der Entstehung von Krankheit.

Die Nebennieren haben ihren Sitz oberhalb der Nieren. Diese Drüsen bestehen aus zwei Teilen: Das Innere, Medulla genannt und das Äußere, die Nebennierenrinde. Die Medulla sondert nur ein Hormon ab. Es heißt Epinephrin oder Adrenalin. Dies ist der Anfang der Stimulierung des Gehirns und des gesamten Nervensystems und deshalb auch der Beginn aller Körperfunktionen. Wie Sie wissen, reagiert dieses Hormon auf Angst oder Ärger, die bekannte ‚Kampf - oder – Flucht – Geschichte'. Normalerweise ist es jederzeit bereit, um den Körper in all seinen verschiedenen Aktivitäten zu stimulieren. Adrenalin wird bei der Anwesenheit von harten Emotionen verstärkt ausgeschüttet, ebenso bei der Anwesenheit von Giften im Inneren, egal welche Ursache diese haben.

Die Nebennierenrinde gibt viele Hormone frei, welche verschiedene Funktionen innerhalb des Körpers auslösen. Auch ist die Nebennierenrinde der Adrenalin erzeugenden Medulla untergeordnet. Zuerst wird das Adrenalin ausgestoßen. Dies wiederum stimuliert all die Hormone in der Nebennierenrinde. Je mehr Adrenalin stimuliert wird, aus welchem Grund auch immer, desto größer ist die Nachfrage in der Nebennierenrinde nach der Produktion vermehrter Hormone.

Zum besseren Verständnis werde ich mich darauf beschränken, nur über zwei der von der Nebennierenrinde ausgestoßenen Hormone zu sprechen, dem Cortison und dem Aldosteron.

Cortison ist ein entzündungshemmendes Hormon. Bei jeder Krankheit wird es im Vergleich zum Normalverbrauch vermehrt benötigt. Bei Vergiftungen wird es vermehrt gebraucht. Es wird auch sehr, sehr oft vermehrt benötigt, wenn Sie nicht einmal merken, dass Sie es brauchen. Es arbeitet ständig für Sie und es ist der wichtigste Stoff, der das Immunsystem stimuliert. Wann immer der Körper die Unterstützung des Immunsystems braucht, ist dies das Hormon, das antwortet. Es weiß, dass es dies tun muss, weil ihm das Adrenalin die Aufforderung dazu gibt. Dieses Hormon ist mit dem Natriumelektrolyt verwandt, das für alle Körperzellen wichtig ist, um Nahrung in die Zellen zu transportieren.

Das andere Nebennierenhormon, das ich erwähnen möchte, heißt Aldosteron. Es ist für die Erhaltung der wichtigsten aller Körpersubstanzen, des Kaliums, verantwortlich. Ohne Kalium könnte keine Zelle überleben. Cortison und Aldosteron sind wie ein verheiratet Paar. Wenn eines gebraucht wird, antwortet das andere ebenso.

Normalerweise befindet sich das Natrium außerhalb der Zellen und bringt die Nahrungsstoffe zur Zellwand. Kalium ist normalerweise in den Zellen zu Hause und zieht die Nährstoffe durch die Zellwand in die Zelle hinein. Der wichtigste Nährstoff, der transportiert wird, ist Glukose. Glukose ist die Nahrung, welche die Zelle braucht, um zu leben. Gemeinsam mit Glukose werden alle Mineralien, Vitamine, etc., die von der Zelle zum Überleben gebraucht werden, über die Elektrolyte Natrium und Kalium transportiert.

Adrenalin stimuliert Cortison und Aldosteron, die wiederum Natrium und Kalium motivieren, um Nahrung in die Zellen zu absorbieren. Alle degenerativen Krankheiten haben eines gemeinsam: eine Unfähigkeit der Zellen, Nährstoffe (Glukose, Calcium, Magnesium etc.) angemessen zu absorbieren und zu nutzen. Teilweise wird dies durch die Unmenge an Toxinen in den Zellen verursacht, die eine Absorption der Nährstoffe verhindern. Ein anderer Grund ist die Unfähigkeit der Natrium- und Kaliumelektrolyte, die Nährstoffe durch die Zellmembran zu transportieren. Wir nennen dies eine mangelnde Aufnahme auf zellulärer Ebene. Alle degenerativen Erkrankungen zeichnen sich durch vermehrte Toxine innerhalb der Zellen und einer Störung der Natrium/Kalium-Balance aus. Dies bewirkt zelluläre Degeneration und Zerstörung. Dadurch entstehen Krankheitssymptome.

Wodurch wird nun das Ungleichgewicht von Natrium und Kalium in den Zellen verursacht? Erinnern Sie sich, Natrium befindet sich außerhalb und Kalium innerhalb der Zellen. Wann immer Adrenalin überstimuliert wird, egal aus welchen Gründen, wechseln Natrium und Kalium ihre Positionen. Kalium wird aus den Zellen in den Blutstrom und Natrium vom Blutstrom in die Zellen verlagert. Man nennt dies die Natrium/Kalium–Umkehrung. Nichts kann in die Zellen eindringen, solange Natrium darin „eingesperrt“ ist, nichts.

Alle degenerativen Erkrankungen haben diese Natrium/Kalium-Umkehrung auf der Zellebene. Bei einigen ist diese Umkehrung stärker als bei anderen, jedoch ist sie bei allen ständig präsent. Aus welchen Gründen geschieht dies nun und warum?

Eigentlich ist dies ein natürlicher Prozess, der uns erlaubt, in allen Situationen, die uns begegnen, den benötigten Bedarf zu decken. Wenn Sie z. B. Autofahren und ein anderer Fahrer fast mit Ihnen zusammenstößt, können Sie die Adrenalinausschüttung fühlen, während Sie sich aus der sich nähernden Gefahr heraus manövrieren. Das Adrenalin stimuliert die Nebennierenrinde, damit sie mehr Cortison und Aldosteron produziert. Dies bewirkt eine sofortige Natrium/Kalium-Umkehrung auf zellulärer Ebene. Da Sie sich nun im Zustand von „eingesperrtem“ Natrium befinden, können keine Nährstoffe in die Zellen eindringen, auch keine Glukose. Damit wird die Glukose von der Zellwand zurück ins Blut geschickt, was einen erhöhten Glukosewert im Blut bewirkt. Der erhöhte Blutzucker erlaubt es Ihnen, plötzlich stärker als normal zu sein. Er hilft Ihnen, klarer zu denken sowie schneller und auf alles zu reagieren, so wie es die Situation erfordert.

Ich habe bereits den ‚Kampf oder Flucht – Mechanismus' beschrieben. Dies ist einer der vielen wundervollen, ständig verfügbaren physiologischen Prozesse, die in unseren Körpern geschehen, um Gleichgewicht und Ordnung beizubehalten. Sobald die „Krise" vorbei ist, sinkt der Adrenalinspiegel wieder, die Hormone Cortison und Aldosteron gehen auf ihren Normalwert zurück, das Natrium verlässt die Zellen wieder und das Kalium kommt herein. Alles ist wieder normal. Die gesamte Absorption funktioniert wieder und die Zellen beginnen Glukose und andere Nährstoffe aufzunehmen. Welch wundervolle ‚göttliche Intelligenz' hier offenbart wird!

Dieser Prozess läuft täglich mehrere hundert Male ab, ohne dass wir uns dessen bewusst sind, da dies normalerweise auf einer sehr subtilen Ebene abläuft. Wir nehmen dies nur wahr, wenn es sich um einen größeren Anlass oder eine größere Krise handelt. Jedes Mal, wenn wir uns in einer Prüfungssituation befinden, läuft dieser Prozess ab. Wenn wir glauben, dass die Prüfung über unsere zukünftige Karriere entscheidet, geschieht es in größerem Ausmaß. Immer, wenn wir etwas im Fernsehen anschauen, das harte Emotionen auslöst, kehren wir unseren Natrium/Kalium – Haushalt um und erhöhen den Blutzucker, was uns ermöglicht, mit alledem umzugehen, was wir für nötig halten. Sobald der Gedanke oder die Emotion vorbei ist, kommt alles wieder ins Gleichgewicht und in seine Ordnung. Oder nicht?

Wenn die Anwesenheit starker Gifte die Ursache dafür ist, dass die Nebennieren zu sehr stimuliert werden, wird der Prozess der Umkehrung und des „eingesperrten" Natriums zu einem anhaltenden Dauerzustand. Da die Aufnahme von Nahrung in die Zellen unterbrochen ist, erfährt die Person eine stärkere oder schwächere Degeneration ihrer Zellen. Wenn die Zellen schneller als normal sterben, nennen wir das ‚Protein-Katabolismus'. In allen degenerativen Erkrankungen zeigt sich dieser Protein (= Ihre Zellen) Katabolismus (= Zusammenbruch). Dies erzeugt die Symptome, die Sie erleiden.

Abhängig von der Körperstelle, an der dieser Prozess am meisten gefühlt wird, erhalten die Symptome bestimmte Namen und man sagt, der Patient habe eine bestimmte Krankheit.

Gifte verstopfen die Zellen und blockieren die Aufnahme von Nährstoffen in den Zellen. Diese Toxine sind Gift für die Zellen. Wiederum nennen wir dies ein „fremdes Eiweiß", eine Substanz, die nicht dafür geschaffen ist, im Körper zu wohnen, unabhängig von ihrem Ursprung. Parasiten sind fremdes Eiweiß. Verschriebene Medikamente sind fremdes Eiweiß; deshalb haben sie so viele tödliche Nebenwirkungen. Schwermetalle sind fremdes Eiweiß. Die Zellen sterben vorzeitig ab, wenn die Nährstoffaufnahme lange genug blockiert ist. Dies ist die größte Quelle von Fremdeiweiß und verursacht die meisten Probleme.

Toxine, die Gift für das System sind, verursachen in den Nebennieren eine Adrenalinausschüttung in unangemessenem Maße und setzen einen Prozess in Gang, der immer mehr Zellen zerstört. Die Nebennieren können die verschiedenen Ursachen der Stimulation nicht unterscheiden. Sie reagieren auf Ärger einer Person genauso, wie sie es auf einen erhöhten Aluminiumwert tun würden. Sie kennen keinen Unterschied zwischen der Angst, die durch einen Horrorfilm ausgelöst wird und der, die entsteht, wenn man einen geliebten Menschen krank oder sterben sieht.

Nun haben wir ein Problem, denn anders als bei dem Autofahrer, der einen vorübergehenden Adrenalinausstoß verursacht hat, sind die Toxine Tag und Nacht präsent. Sie verursachen eine ständige Zerstörung der Zellen und zuletzt einen Zusammenbruch des Adrenalinsystems durch Überstimulation. Einen geliebten Menschen krank zu sehen, in einer unglücklichen Beziehung zu leben, ein unangenehmer Arbeitsplatz, all dies trägt zu einem Zusammenbruch des Adrenalinsystems bei. Kontinuierliche Sorgen, Ängste oder Ärger bringen das Adrenalinsystem ebenfalls durcheinander. Wir nennen dies eine Störung der Nebennieren oder eine Nebenniereninsuffizienz, die die Grundursache aller degenerativen Erkrankungen ist.

Deshalb ist neben der Identifikation und Entfernung der Toxine die Wiederherstellung einer normalen Funktion der Nebenniere eine der wichtigsten Aufgaben der Klinik. Die Entfernung der Toxine ist bereits eine große Hilfe, aber sich um das eingesperrte Natrium und den dadurch verursachten Kaliumverlust zu kümmern, ist ein weiterer Fokus.

Beispiel, die Lücke zu überbrücken

Die folgende Geschichte soll dazu dienen, dies bildlich darzustellen. Vor einigen Jahren hatte ich eine Patientin, die von Beruf Internistin war. Sie kam mit nächtlichen Anfällen zu mir. Jeden Morgen erwachte sie mit Blut im Mund, weil sie sich während der Anfälle auf die Zunge gebissen hatte. Um Mitternacht erreicht der Kaliumspiegel normalerweise seinen tiefsten Punkt. Wenn jemand tagsüber bereits einen niederen Kaliumspiegel im intrazellulären Raum hat (nicht unbedingt im Blut), wird er nachts stärkere Symptome zeigen.

Da wir wissen, dass Kalium das wichtigste Mineral für die elektrische Leitung durch das neurologische System ist, untersuchten wir ihren Urin, ihr Blut und machten eine Haaranalyse, um den intrazellulären Kaliumspiegel festzustellen. Erinnern Sie sich daran, wenn Kalium die Zellen verlässt, geht es ins Blut. Deshalb gibt es kein klares Bild, wenn man nur das Blut testet, um den Kaliumgehalt in den Zellen festzustellen. Blutuntersuchungen betreffen nur das Blut. Wenn Sie wissen wollen, was in den Zellen vorgeht, müssen Sie den Urin untersuchen und eine Haaranalyse machen. Wir führen routinemäßig Haaranalysen durch, um auch die Anwesenheit von giftigen Metallen in den Zellen zu finden. Dies zeigt uns, ob als Grundursache eine Nebennierenstörung und die Folgeerscheinungen davon oder ein intrazellulärer Kaliumverlust vorliegt.

Wie es so oft der Fall ist, hatte diese Patientin einen ernsthaften intrazellulären Kaliummangel, obwohl der Kaliumgehalt des Blutes normal war. Während ihrer Behandlung untersuchte sie ihr Blut täglich, um zu sehen, ob die Dosis an Kalium, die sie einnahm, den Kaliumgehalt des Blutes erhöhte. Zu ihrer Überraschung fiel es nie ins Gewicht. Ihre Anfälle hörten jedoch sofort auf. Mit der Zeit wurden die dahinter liegenden Ursachen des Zusammenbruchs im Adrenalinsystem gefunden und behandelt. In ihrem Fall waren die Ursachen einige Probleme, die sie seit dem Tod ihrer Mutter plagten. Außerdem war sie mit ihrer Berufswahl unzufrieden und erlaubte sich schließlich, sich beruflich zu verändern und einen Weg einzuschlagen, der besser zu ihrer Philosophie passte. Erst dann war sie frei von den Ursachen ihres ursprünglichen Adrenalinsystemzusammenbruchs. Toxine sind nicht die einzigen physischen Ursachen für eine chronische Adrenalinstörung. Infektionen und alle Entzündungen produzieren ebenfalls einen erhöhten Cortisonausstoß. Dies ist, wie sie sich sicherlich erinnern, Ihr entzündungshemmendes Hormon und stimuliert das Immunsystem. Jede „-itis" kann irgendwann zu Adrenalininsuffizienz führen, wenn sie nicht entdeckt und behandelt wird. Dies betrifft Krankheitsbilder, die auf „-itis" enden, wie Kolitis, Gastritis, Arthritis, Hepatitis, Zystitis, aber auch Entzündungen des Zahnfleisches oder Zahnabszesse. Jede „-itis" kann dies auslösen, unabhängig davon, wo sie im Körper auftritt.

Um eine Person als ganzheitliche Einheit zu behandeln, muss die zugrunde liegende Ursache, sowie das daraus resultierende Ungleichgewicht im Adrenalinsystem und im intrazellulären Raum korrigiert werden. Dies fasst grundlegend zusammen, was wir in der ‚Holistischen Klinik' versuchen, zu erreichen. Alle namhaften alternativen Kliniken beschäftigen sich mehr oder weniger mit diesen Problemen. Einige wenden verschiedene andere Techniken an. Das Ziel ist jedoch, die Lebensenergie an den Stellen wieder zum Fliessen zu bringen, an denen sie unterbrochen wurde und zu Krankheit führte. Dann muss, wenn möglich, die Ursache für die Unterbrechung gefunden und entfernt werden.

KAPITEL FÜNFZEHN

WIE DIE BRÜCKE GEBAUT WIRD

„Vom Denken zur Krankheit“

Wenn wir jetzt alle Gifte der Welt auf die eine Seite der Waagschale legen und eine einzelne harte Emotion oder ein einzelnes destruktives Denkmuster auf die andere Seite, raten Sie mal, nach welcher Seite die Waage ausschlagen würde?

Es gibt praktisch kein Gift auf der Welt, das destruktiver für den Körper ist, als ein einziger Moment von Negativität. Jede Angst, jede Sorge, jeder Moment von Wut und Rage, jede negative Wertung eines anderen oder sich selbst gegenüber ist destruktiver für den Körper als jedes bekannte Gift. Und das hat folgenden Grund: Wenn es eine Infektion oder Entzündung gibt, dann werden die Nebennieren stimuliert und der ganze Körper reagiert darauf. Alle Zellen, alle Organe, alle Systeme tun genau das, wozu sie gemacht wurden, sie halten uns in einem Stoffwechselgleichgewicht. Diese Lebensenergie, dieser Geist des Lebens, der durch uns hindurch fließt, der allem, was er berührt und durchströmt, Leben bringt, kennt nur das ‚Prinzip der Ordnung'. Er bringt Ordnung und Balance in alles, mit dem er in Kontakt kommt. So regt er jede einzelne Zelle an, ihre Funktion zu erfüllen. Darauf können wir uns verlassen, auch ohne zu wissen, dass es passiert. Er wird nicht darin versagen, seine Arbeit erfolgreich zu tun.

Warum brechen Menschen dann zusammen? Wenn der Körper wegen dieser immer präsenten Quelle des Lebens gut funktioniert, warum gibt es dann Krankheit?

Wenn die Nebennieren durch harte Emotionen oder durch eine negative Vorstellung stimuliert werden und die direkte ‚Flucht - oder - Kampf Antwort' erst einmal hergestellt ist, bleibt im Körper keine andere Aktivität mehr übrig, die sich mit dem verursachten Ungleichgewicht beschäftigen könnte. Wir haben unser Immunsystem, das sich mit Toxinen, Infektionen etc. auseinandersetzt.

Auch verfügen wir über ein System, das mit einer schlimmen Blutung fertig werden kann. Wir haben außerdem ein weiteres, das sich um die Unterdrückung bestimmter Krankheitserreger kümmert. Aber außer dem System, das uns aus einer akuten Situation heraus bringt, haben wir keine andere Möglichkeit, die Zerstörung der Nebennieren und die daraus erwachsende zelluläre Zerstörung zu beenden, die mit jeder einzelnen negativen Emotion oder Vorstellung einher geht.

Wir funktionieren in einer perfekten Stoffwechselbalance, wenn unser Verstand und unser Geist in Frieden sind. Konflikt, aus welchem Grund auch immer, bringt unsere Nebennieren in einen überreizten Zustand. So lange wir nicht in der Lage sind, das auf die eine oder andere Art zu korrigieren, werden wir daran leiden. Es entsteht Krankheit.

Ich glaube ohne jeden Zweifel, dass Krebs seine Stärke einzig und allein von den Emotionen bezieht, die dieses Wort bei uns auslöst. Es gibt nur wenige Personen, die durch die geistigen Vorstellungen, die ihnen beim Aussprechen dieses Wortes durchs Gehirn schießen, nicht vor Angst sofort paralysiert sind, wenn ihnen die Diagnose ‚Krebs' gestellt wird. Dann hören sie, wie viele Monate ihnen noch zu leben bleiben. Ist es ein Wunder, dass die Nebennieren nahe dem Zusammenbruch sind? Was gibt es nach dem anfänglichen Schock des ganzen Systems dann noch im Körper, was sich mit dem „fremden Protein", Krebs genannt, beschäftigen könnte?

Trotzdem werden sich einige Patienten diesem Szenario nicht hingeben. Sie sind nicht gewillt, sich von anderen Personen sagen zu lassen, wie und wann sie sterben werden. Sie sind nicht gewillt, der Krankheit diese Macht über sich zu geben. Sie wissen, dass das Leben der ‚Fluss des Geistes Gottes' in ihnen und durch sie ist. Sie wissen, dass Gott allein Leben gibt und dass Gott und nicht die Krankheit, entscheidet, wann sie damit fertig sind, das zu erfüllen, wofür sie auf die Erde gekommen sind. Das sind diejenigen, die von Anfang an in die Klinik kommen, bevor sie ihren Körper der konventionellen Behandlung aussetzen. Und das sind diejenigen, denen es gut geht. Einige entscheiden sich nach anfänglicher konventioneller Behandlung gegen dieselbe und begegnen der Angelegenheit auf positivere Weise. Viele von ihnen genesen ebenfalls gut.

Aber diejenigen, die die Worte von Verhängnis und Tod hören und daran glauben, dass das die höchste Wahrheit ist und die dann von der einen zur anderen Art der Behandlung rennen, nur um weiterhin zu hören, dass sie doch an der Krankheit sterben werden – wenn diese dann in einer letzten Anstrengung kommen, geht es ihnen generell nicht gut. Ich habe immer geglaubt, dass sie zu stark von den Medikamenten vergiftet waren und deshalb keine Chance hatten. Aber heute glaube ich, dass sie von der Vorstellung der Krankheit zu sehr vergiftet sind. Sie ist zu sehr in ihrem Gehirn verwurzelt. Sie kommen und hoffen, sind aber nicht wirklich überzeugt. Es ist, als würden sie in die eine Richtung schauen, aber in die andere gehen.

Ich möchte Ihnen gern eine Geschichte dazu erzähle, die dies noch weiter erklärt. Das ist eine häufige Situation, eine, die wir ständig sehen. Es sind Leute wie diese liebe Frau, die mir aufzeigten, wie notwendig dieses Buch ist.

Helen kam in die Klinik mit der Diagnose eines ernsten Emphysems, das sie seit mehreren Jahren hatte. Es war immer schlimmer geworden. Jetzt trug sie einen Sauerstofftank mit sich herum, der ihre Atmung unterstützte. Wir machten die üblichen Tests und befragten sie ausführlich. Das ist das übliche Procedere bei neuen Patienten. Dann stellten wir ein Programm zur Entgiftung ihres Körpers zusammen, das gleichzeitig die Nebennieren von der unerträglichen Last, die sie erfahren hatten, erleichtern sollte. Sie begann ihr Programm und machte erwartungsgemäß schnell Fortschritte. Nach zwei Wochen brauchte sie ihr Sauerstoffgerät, das sie mit sich herumgetragen hatte, nicht mehr. Noch war sie nicht zu einem Wettrennen bereit, aber ich war sicher, das würde später noch kommen. Nach der anfänglichen Entgiftung gingen wir daran und begannen damit, wieder eine gesunde Nebennierenfunktion herzustellen und gleichzeitig Natrium und Kalium auf der Zellebene umzukehren, sodass die Zellen wieder beginnen konnten, Nährstoffe, Sauerstoff und Leben aufzunehmen.

Die Wiederherstellung eines gesunden Adrenalinflusses kurbelt das Immunsystem an und erlaubt dem Körper, damit zu beginnen, sich selbst zu heilen, eine Funktion, die sich natürlicherweise ganz von selbst einstellt. Die ganze Zeit über fuhren wir damit fort, versteckte und verschüttete Gifte aus dem Gewebe und den Zellen zu entfernen, speziell aus den Leberzellen, da die Leber einen Großteil der Verunreinigungen des Körpers lagert. Helen machte sich großartig und es ging ihr über mehrere Monate hinweg bestens.

Leider beschloss ihre Familie bald, Folgeuntersuchungen bei ihrem ehemaligen behandelnden Arzt machen zu lassen. Ich nehme an, sie wollten *sehen*, wie gut sie sich machte. Ist es nicht erstaunlich, dass wir gelernt haben, nicht auf das zu vertrauen, was unser Herz uns als Wahrheit mitteilt? Leider waren auf dem Röntgenbild kleine verstreute Krebszellen in ihrer Lunge zu sehen, etwas, das jedes gesunde Immunsystem wirklich in der Lage ist, zu absorbieren. Der Fakt, dass sie millionenfach besser aussah und sich millionenfach besser fühlte, wurde ignoriert. Ihr wurde gesagt, dass sie innerhalb der nächsten sechs Monate sterben würde. Die Vorstellung, die in ihr Gehirn geschleudert wurde, verursachte solch eine paralysierende Angst, dass sie zu einer sich selbst erfüllenden Prophezeiung wurde. Die Nebennieren kamen zum Erliegen. Das Immunsystem brach zusammen. Ihre Hoffnung verschwand. Das Vertrauen in die Integrität des Körpers erlosch. Der Fluss des Lebens, der noch einen Tag zuvor frei durch ihren Körper, ihren Geist und ihre Seele strömte, erstickte. Alles Vertrauen in die Heilung des Körpers floh. All die wundervollen Erwartungen von Ganzheit und Gesundheit verschwanden.

Direkt am folgenden Tag nach der Anhörung des Berichtes kam sie wieder und trug ihren alten Sauerstofftank, schnappte nach Luft, war grau wie ein Flaschenkürbis, mit einem Ausdruck von Horror auf ihrem Gesicht. Wie konnte die Krankheit dies innerhalb eines Tages verursachen? Das war nicht möglich. Die Vorstellung, die Erwartung, die gesprochenen Worte lösten dies aus. Wie tragisch, dass jemand auf einen Bericht schaut und solch ein Verhängnis und eine Zerstörung ausspricht und dass keiner da ist, der das alles in Frage stellt. Diese Person, dieses System, wurde ihr Gott, wie bei so vielen. Sie hatten Angst vor ihm, sie vertrauten ihm und sie gaben sich ihm vollständig hin, ohne ein Wort des Protestes zu äußern. Krankheiten und die, die sie deklarieren, haben uns alle in ihren Bann gezogen – einschließlich ihrer selbst. Helen starb drei Wochen später.

Schritt die Krankheit so schnell fort? Normalerweise nicht. Aber jedes von Gott gegebene System in unserem Körper bricht wahrscheinlich bei Angst zusammen. Nun, glaube ich daran, dass Helens Körper die Krankheit überwunden hätte, wenn sie sich Helen und ihrer Familie nie gezeigt hätte? Absolut. Ich habe es zu oft erlebt, um es anzuzweifeln. Ich glaube, dass sie immer stärker, gesünder, ruhiger und stiller geworden wäre. Das Leben hätte dann ungehindert durch jedes Organ und durch jede Zelle des Körpers fließen können. Ein gesundes, zufriedenes Immunsystem ist dafür gemacht, jedes und alles fremde Protein im Körper aufzufressen. Und Krebs ist ein fremdes Protein. Nur wenn das Immunsystem so ernsthaft gefährdet ist, wird es versagen.

Während meiner Ausbildung zur Krankenschwester hatte ich immer viele Nebenjobs, um Geld zu verdienen, damit ich in der Schule bleiben konnte. Einer dieser Jobs war, dem Pathologen bei Autopsien zu assistieren. Bei vielen Gelegenheiten fand er Krebs im oder am Körper, dessen sich keiner bewusst war, während der Patient noch lebte. Diese Patienten waren an anderen Ursachen gestorben. Er war der erste, der mir begreiflich machte, dass Krebs und alle anderen fremden Proteine während des ganzen Lebens kommen und gehen“

Unser Immunsystem ist dafür ausgelegt, sich darum zu kümmern und wird das auch gerne tun, wenn es ihm erlaubt wird.

Meine Absicht, die Arbeit in der Klinik zu beschreiben, sollte nicht falsch interpretiert werden. Ich habe nicht vor, Werbung für die Klinik zu machen. Mein Ziel ist es, Sie in die Lage zu versetzen, klar sehen zu können, wie Gedanken und Ideen direkt physiologische Veränderungen im Körper hervorrufen, die zu Krankheit und Krankheitsprozessen führen. Es liegt mir am Herzen, Sie zu einem anderen

Verständnis zu führen, einem Verständnis, das in der Woge der Aufregung über die menschliche Brillanz im Zusammenhang mit der medizinischen Wissenschaft verloren gegangen ist. Es ist ein Verständnis, das die Ketten der Sklaverei bei denen brechen wird, die im menschlichen Leiden gefangen sind. Wenn Sie sehen können, wie leicht Sie in den „Traum“ gefallen sind, dann können Sie vielleicht auch sehen, wie leicht Sie ihren Weg in den vorherbestimmten Status der absoluten ‚göttlichen Ordnung' wieder finden können.

KAPITEL SECHZEHN

IST KRANKHEIT DAS ERGEBNIS VON MASSENSUGGESTION?

Während all der Jahre meiner Praxis ganzheitlichen Heilens beobachtete ich ein eigenartiges Phänomen. Viele meiner Patienten hatten ein bestimmtes unproduktives Gedankenmuster, das ich einfach nicht verleugnen konnte. Während sie einerseits verzweifelt Heilung suchten, hielten sie andererseits an dem Gedankenprozess, der Krankheit provoziert, fest. Was meine ich damit? Weil es dafür keinen spezifischen Ausdruck gibt, nenne ich es eine „Massensuggestion, die eine übermäßige Anziehung von Leid bewirkt". Lassen Sie mich dies zuerst durch tägliche Beispiele erklären, mit denen wir uns alle identifizieren können.

Es scheint so, als fühlten wir uns als menschliche Rasse zum Makaberen hingezogen. Horror zieht uns an. Wenn wir z. B. durch unsere Fernsehkanäle schalten, gibt es einen Sender, auf dem ein Gourmetchef sein neuestes Rezept vorführt. Das nächste Programm jedoch zeigt ein Massaker an einem Gymnasium. Welches Programm werden wir uns wohl lieber ansehen? Wenn wir die Wahl haben zwischen zwei Kanälen, die über den selben Vorfall berichten, einer von ihnen jedoch die Einzelheiten über die Verletzungen graphisch noch eindrucksvoller darstellt, welches Programm wird unsere Aufmerksamkeit stärker auf sich ziehen?

Das klassische Beispiel davon ist die umwerfende Einschaltquote im Fernsehen bei Notarztserien oder Katastrophenfilmen. Was ist mit Filmen über nicht aufgeklärte Morde? Die Leute erzählen mir, dass diese Shows sie in Schrecken versetzen. Trotzdem wollen sie die nächste Sendung nicht verpassen. Wenn wir auf der Autobahn an einem Unfall vorbeikommen, nehmen wir dann das Wrack einfach nur deshalb wahr, damit wir unser Auto an ihm vorbeilenken können oder suchen wir tatsächlich nach Körpern? Als ich als Krankenschwester im Notarztwagen arbeitete, hielt ich an einem besonders schrecklichen Unfall an und sah den Körper eines jungen Mannes aus dem Autofenster hängen. Bevor das Sanitätsauto kommen konnte, um ihn aus dem Wrack zu befreien, gab es eine Kollision von insgesamt siebzehn Autos, weil die Leute ihre Augen während der Fahrt auf diese Horrorszene fixiert hatten.

Ertappen wir uns selbst beim aufmerksamen Zuhören, wenn jemand seine/ihre Krankheit oder Operation genau beschreibt? Oder sind wir diejenigen, die solch eine Information noch extra ausschmücken? Das Problem ist, dass wir keine Ahnung davon haben, welche Zerstörung dadurch in Gang gesetzt wird, wenn wir *unbewusst* negativen Bildern Einlass in unseren Geist gewähren. Ebenso wenig ist es uns bewusst, was wir anderen antun, wenn wir uns an Gesprächen beteiligen, die Bilder von Krankheit und Zerstörung auf die Leinwand ihres Geistes malen. Die meisten Menschen, da sind wir uns einig, werden von Leid angezogen. Dies geschieht nicht so sehr aus Angst, dass ihnen selbst etwas Ähnliches zustoßen könnte, sondern mehr aus einer eigenartigen Faszination an der ganzen Sache heraus. Ist uns klar, was wir allein durch die beständigen Vorstellungen von solchen schrecklichen Situationen in unser Leben einladen? Erkennen wir, dass wir gute Dinge in derselben Proportion in unser Leben bringen würden, wenn wir die gleiche Menge konzentrierter Zeit aufbrächten, um uns mit all den Wundern und der Schönheit zu umgeben, die diese Welt und das Leben für uns bereit hält? Ich verspreche Ihnen, würden wir nur dieses eine Prinzip einhalten, könnten wir das Auftreten von Krankheit stark reduzieren. Auch glaube ich, dass wir zusehen könnten, wie viele der Krankheiten, die als „unheilbar“ gelten, dann von selbst heilen würden.

In meinem eignen Leben gibt es eine unausgesprochene Verhaltensregel, die ungefähr so lautet: Wenn ich nicht möchte, dass etwas im Radius meiner Lebenserfahrung auftritt, so erlaube ich den entsprechenden Worten und Bildern nicht, diese Situationen auszulösen. Ich habe gelernt, dass wir die Wächter an den Toren unseres Geistes sind und das habe ich auch meinen Kindern und Patienten eingeprägt. Sie sind die ‚Wächter an der Mauer’ ihrer eigenen Stadt.

An diesem Punkt kommen oft Leute zu mir und sagen: „Ich habe von dieser Krankheit noch nie etwas gehört, bevor ich sie bekommen habe.“ Oder: „Was ist mit den Kindern? Sie wissen nichts über diese Krankheit.“ Ihnen sage ich, dass es nicht so ist, dass jemand denkt: „Oh, ich habe Angst, diese oder jene Krankheit zu bekommen.“ Es hängt vielmehr damit zusammen, in eine Welt von kollektiver Krankheit und Leid hineingeboren zu worden sein, in eine kollektive, weltweite Akzeptanz genereller Anfälligkeit für Krankheit. Wir haben die Macht, solchen Glaubensmustern entgegenzuwirken. Noch einmal: Aus meiner eigenen Erfahrung kann ich sagen, dass ich weiß, dass die Geburt meiner Tochter, die von so vielen physischen Problemen überschattet war, ein direktes Ergebnis des absoluten Chaos und der Verwirrung meiner eigenen Gedanken und meines Lebens zu jener Zeit war. Als ich begann, Ordnung und Frieden in meinem Geist und in meinem Herzen wahrzunehmen, wandelte sich auch das äußere Bild.

Erinnern Sie sich? Jegliche Situation, die von Unordnung und Disharmonie bestimmt wird, bedeutet Leid, ungeachtet dessen, ob es sich dabei um den Körper, den Geist, Beziehungen, Finanzen etc. handelt. Wenn Ordnung und Frieden im Göttlichen normal sind, dann ist die Abwesenheit dieser Ordnung Leid. Daraus folgt, dass die zu Frieden führende Wiederherstellung der Ordnung verursacht, dass jegliche Krankheit verschwindet. Dies ist vergleichbar mit Dunkelheit, die verschwindet, wenn wir das Licht anmachen.

Wenn wir stehen bleiben, auf die Krankheit starren und nach ihrem Schrecken und ihrer überaus zerstörerischen Intensität und Kraft lechzen, haben wir ihr voll und ganz die Macht über unser Leben gegeben. Erinnern Sie sich an die ‚Affen und Drachen'. Wir selbst sind es, die ihnen all die Macht, die sie haben, geben. Wir können nicht Bilder von Unordnung, Verfall, Verwirrung, Unausgeglichenheit und Disharmonie in unserem Geist aufrechterhalten und gleichzeitig Ganzheit und Gesundheit produzieren. Es ist, als würden wir mit einem Stadtplan von Houston versuchen, nach Los Angeles zu fahren. Die Bilder, die ich in meinem Herzen trage, gute oder schlechte werden zu den Worten, die ich spreche, zu den Erwartungen meines Herzens und schließlich zu meinen Lebenserfahrungen.

Früh bereits, schon als ich das Gesetz von Ursache und Wirkung bezüglich dieser Idee so deutlich erfahren durfte, begann ich, weiter zu fragen. Ist es bei unserem Bestreben, Menschen von Krankheit zu heilen, eigentlich möglich, ein Problem erfolgreich zu eliminieren, jedoch die mentalen Wurzeln zurückzulassen, die dann einen anderen Zweig desselben Baumes manifestieren könnten?

Wenn dem so ist, können wir dann nicht das Problem, das sich menschliches Leiden nennt, an seiner Wurzel korrigieren? Merkwürdigerweise wusste ich schon immer in meinem Herzen, dass dies nicht nur möglich ist, sondern dass ich Schritt für Schritt, Verstehen um Verstehen, dorthin geführt werden würde. Ich glaube, dass dies das Herz Gottes ist, voller ‚göttlicher Liebe', so unbeschreiblich, so unerschöpflich. Seine unendliche Intelligenz und sein ewiges Wissen würden mir den Weg weisen. So stapfe ich weiter, voller Verwunderung beobachtend, zuhörend und denkend, wartend und wissend, dass wir eines Tages dort ankommen werden. Das ist es, was die Gnade Gottes möchte.

Programmieren wir uns auf Unglück?

Heutzutage sind wir sehr bemüht, einen Grund für Krankheit zu finden. Wir nennen es Mikroorganismen, Vererblichkeit, Umweltgifte oder einen durch Stress und Traurigkeit bedingten Zusammenbruch des Immunsystems. In den westlichen Religionen kreieren wir den Glauben an die Notwendigkeit von Leid, das uns nach vorne treibt, um Perfektion zu erlangen, auch wenn wir eigentlich nicht erwarten, dieses Ziel jemals zu erreichen. Wir sehen uns als schlecht an und müssen leiden, um uns von unserer „erblich gefallenen Natur" zu reinigen. Haben Sie sich jemals darüber Gedanken gemacht, dass Menschen, die sich schlecht oder sogar böswillig verhalten, einfach aus ihrem Selbstbild heraus handeln?

Ist Ihnen klar, dass diese Menschen, gäbe man ihnen eine Beschreibung, wie Gott sie sieht, wie Er sie erschaffen hat, stattdessen aus dem ‚göttlichen Bild' heraus agieren würden?

Im *Time Magazin* sah ich vor kurzem etwas zu diesem Thema, was mich sehr bewegte, als ich über das Massaker an einem kolumbianischen Gymnasium las. Erinnern Sie sich: Die Schüler errichteten Kreuze, für jeden Schüler eines. Ebenfalls errichteten sie zwei Kreuze als Andenken an die Mörder, zwei junge Schüler. Dort waren Tafeln mit Gekritzel auf allen Kreuzen angebracht, jedoch ein etwas größeres Schild erregte meine Aufmerksamkeit. Es war über die beiden Kreuze der Mörder gespannt und darauf stand: „Gott sah dich vollkommen. Es tut mir leid, dass wir es nicht konnten." Dies sagt so ziemlich alles, nicht wahr?

Wir haben eine sehr komplizierte Struktur um das Konzept des Leidens herum aufgebaut und manche verteidigen sie, als wäre sie ihr engster und liebster Freund. Einige fehlgeleitete Leute bestehen auf einen Gott, der uns verletzt und straft und der Krankheit benutzt, um wie erwartet über uns zu gewinnen. Sie werden ihre bevorzugten Bibelstellen zitieren, um diese Aussage zu verteidigen, lassen jedoch Tausende anderer Bibelstellen links liegen, die das Gegenteil ausdrücken. Es sind unsere eigenen Gedanken, Glaubensmuster und Handlungen, die uns verletzen und bestrafen. Es ist das Gesetz von Säen und Ernten, von Ursache und Wirkung. Gott ist Gnade. Er würde sich freuen, wenn wir unsere Herzen öffnen und seine Gnade für uns jetzt in diesem Moment empfangen könnten, anstatt in einem Gefühl der Bedrohung zu leben, das uns die meiste Zeit gefangen hält. Und dies unabhängig davon, ob wir denken, dass wir es verdient haben oder nicht. Was ist denn Gnade außer einer Freundlichkeit, die uns zuteil wird, obwohl wir Vergeltung oder Strafe verdient hätten? Sie sollten auch wissen, dass Gott es lieber hätte, wenn wir andere mit den Augen der Gnade sehen würden, anstatt ein Leben lang Opfer zu bringen und gute Werke zu tun. „Gehet und lernet, was dies bedeutet."

Die wichtigste Frage ist: Gibt es da einen Weg heraus? Wenn jemand eine Struktur aufbaut, nur um zu sehen, dass sie mit Fehlern behaftet ist, hat er dann den Mut, zu seiner Blaupause zurückzukehren und die notwendigen Korrekturen durchzuführen, selbst wenn dies bedeuten würde, den Ursprung, die Basis reinigen zu müssen?

Mir kommen einige Geschichten in den Sinn, wenn ich davon spreche, eine aufgetretene Krankheit erfolgreich zu behandeln, ohne die mentalen Wurzeln zu berühren und dabei so viele Zweige des Baumes zurückzulassen, nur um später weitere Zerstörung zu ernten.

Ich erinnere mich an die Anfänge meiner Praxis, als ich einen Mann mit der Diagnose Dickdarmkarzinom betreute, der mir besonders am Herzen lag. Ihm wurde die übliche operative Entfernung des Dickdarms empfohlen, die er ablehnte. Stattdessen kam er in die ‚Holistische Klinik'. Er war ein guter Patient, machte sein Programm und verpasste nie einen Termin. Nach vier Monaten wurde durch medizinische Tests bestätigt, dass der Krebs nicht mehr vorhanden war. Ich erinnere mich, dass ich so begeistert war, als er mir diese Neuigkeit erzählte, dass ich über meinen Schreibtisch gesprungen bin, um ihn zu umarmen. Er war einer der ersten Krebspatienten, mit denen ich die Möglichkeit hatte, zusammen an dem Programm zu arbeiten. Ich glaube, ich war begeisterter als er selbst!

Um ihn zu beschreiben: Sam war zweifelsohne der exzentrischste Mensch, den ich je getroffen habe. Er besaß einen Grillstand in einem kleinen, ländlichen Dorf außerhalb von San Antonio, der ein gutes Geschäft abwarf. Alle im Umkreis kannten Sam. Er war ausdauernd und liebenswert, aber extrem paranoid. Er trug ein Gewehr bei sich, um sich zu schützen. Vor wem habe ich nie herausgefunden. Bevor er ins Büro kam, konnte man ihn draußen auf dem Parkplatz sehen, wie er Autokennzeichen in ein Heft schrieb. Er sah sich stets mit einem misstrauischen Ausdruck um, ob es vielleicht ein potentielles Problem gäbe. Ich wusste nie, wen er zu vermeiden versuchte; ich glaube, er wusste es selbst nicht. Er sammelte Antiquitäten, ziemlichen Kitsch. Er hatte Kaufhäuser, gefüllt mit unglaublichen Sortimenten von Kitsch. Nie beabsichtigte er, etwas davon zu verkaufen. Er sammelte es nur. Er grub auch nach Gold. Mehrmals jährlich nahm er sich einige Wochen von seinem Grillstand frei, um in den Nordwesten der USA zu reisen, in einem Zelt zu leben und nach

Gold zu graben. Alle, die ihn kannten, liebten ihn. Manchmal versuchten wir, seine lustigen Verhaltensweisen zu imitieren. Wie alle anderen auch, hielt ich das Ganze für nett und nahm es nicht wirklich ernst.

Eines Tages kam Sam in mein Büro und hielt einen geschmiedeten Geigenkasten in der Hand, der mit einem schwarzen elektrischen Band umwickelt war, welches den Kasten zusammen hielt. Ohne Worte nahm er ein weißes Tuch heraus und entfernte alle Dinge von meinem Schreibtisch, um das Tuch ausbreiten zu können. Er öffnete den Geigenkasten und heraus kam ein Gewehr, das er auf meinen Schreibtisch legte. Weiter kamen die komischsten Behälter zum Vorschein, von alten Socken zu leeren Medikamentenschachteln. In allem befanden sich Goldklumpen in verschiedenen Größen und Formen. Bevor ich verstand, was geschah, hatte Sam seine gesamte Goldkollektion vor mir ausgebreitet, die einen Gesamt-Nettowert von über einer Million Dollar ausmachen mochte. Er war so dankbar für seine Heilung, dass er mir etwas von seinem Gold geben wollte. Selbstverständlich konnte ich das nicht annehmen, obwohl ich von seinem Angebot überwältigt war.

Mehrere Monate später, als einige unserer Erfolge bekannt geworden waren und ich von Seiten der Schulmedizin unter Druck gesetzt wurde, kam Sam in die Klinik und drückte mir ein kleines Päckchen in die Hand. Er murmelte etwas wie, dass ich mit meinen Kindern während des Konfliktes vielleicht Hilfe brauchen würde und verschwand, bevor ich merkte, was geschehen war. Das Gold, das er in meine Hand gelegt hatte, besaß einen Wert von 75.000 Dollar. Über die Jahre nutzten wir es als Spende, um den Patienten eine Behandlung zu ermöglichen, die sie sich sonst nicht hätten leisten können. Am nächsten Tag kam Sam bei einem Autounfall ums Leben.

Welch ein Schock! Schlimmer als der Schock über die Nachricht war (wieder) die spirituelle Verwirrung, mit der ich zurückblieb.

Sehen Sie, mit meinem ganzen Herzen glaubte ich, dass die Klinik, die Weisheit, das Wissen und das Verstehen der neuen Herangehensweise an Gesundheitsfürsorge, die Patienten, die zu uns geschickt wurden und alle Heilungen, ein Ergebnis der Gnade Gottes waren, die auf die Schreie der Menschen geantwortet hatte. Welchen Sinn machte dann Sams Heilung, wenn er einige Wochen später sowieso durch einen Verkehrsunfall ums Leben kam? Gab es da eine Wurzel, die ich vergessen hatte? Gab es eine noch größere Heilung, die sich ereignen sollte? War dies für alle Menschen die Wahrheit? War sein Krebs nur ein Ast an einem noch größeren Baum? Haben wir bisher nur Äste behandelt und die Wurzel übersehen?

Sehen wir uns selbst als potentielle Opfer einer feindlichen und veränderlichen Welt? Oder haben wir einen Standpunkt gegen solch einen weltweiten Gedanken eingenommen und stattdessen gewählt, in der ‚göttlichen Liebe' zu leben, die uns alle umfasst? „In Ihm leben wir, in Ihm bewegen wir uns, in Ihm sind wir." Es ist typisch für jede Art von Konflikt, dass wir uns zuerst dem gegenüber, was uns stört, klein und schwach fühlen. Wir fühlen uns, als könnten wir möglicherweise Opfer dieser speziellen Situation werden. Nehmen wir zum Beispiel den Fall der Frau, die von ihrem Mann geschlagen wird oder vom Kind, das in der Schule und in der Nachbarschaft gehänselt wird. Oder nehmen Sie den Militäroffizier, der einen bestimmten Mann auf der Liste aussondert. All diese Leute haben eines gemeinsam. Sie alle glauben, dass sie ein Opfer und etwas schwach und pathetisch seien. Sie meinen, dass sie jemanden bräuchten, der sie betreut und beschützt. Sie sehen die Welt potentiell als einen feindlichen Ort, an dem sie leben, an dem ihnen jederzeit der Boden unter den Füssen weggezogen werden kann. Spürt ein Angreifer diese Schwäche im Opfer, gibt ihm das die Macht, das Opfer zu überwältigen. Bevor einer einen anderen angreifen kann, muss er zuerst dessen Schwäche erkunden und diese als Antrieb wahrnehmen. Ich sehe Krankheit als Angreifer, der diejenigen angreift, die sie am meisten fürchten. Wenn wir uns im Leben vor irgendetwas fürchten, so geben wir ihm die Macht, uns zu überwältigen.

Wir haben die Wurzel nicht geheilt, wenn wir die geschlagene Frau aus ihrem Zuhause entfernen. Sie muss sich irgendwann klar machen, dass ihr wahrer Feind ihr eigenes ängstliches Selbstbild ist. Sie muss fähig sein, zu dem Punkt zu kommen, an dem sie sich als selbständige, selbstverlässliche und wertvolle Person sehen kann. Sonst wird sie in ihre gegenwärtigen Umstände zurückkehren und sich wieder in ähnlichen Situationen vorfinden. Genauso ist es mit Krankheit. Wenn wir uns für Krankheit anfällig fühlen, aus welchen Gründen auch immer, haben wir ihr unwissentlich die Türe geöffnet, damit sie sich manifestieren kann. Zum Beispiel ist das ganze Gerede von Vererbung und vorprogrammierter Genetik. Das ist die einzige und größte Verschwörung gegen den Sinn für Ganzheit und Gesundheit. Es programmiert unseren Geist nicht nur darauf, Beschwerden zu erwarten, sondern auch auf die absolute Hilflosigkeit, die Sache vermeiden oder gar überwinden zu können. Sie können Wetten darauf abschließen, dass wir diese Erfahrung irgendwann machen. Deshalb ist es so wichtig, anzufangen, uns selbst und andere so zu sehen, wie Gott uns sieht, so wie wir geschaffen wurden und wie wir wirklich sind. Und *nur* Gott als unseren einzigen elterlichen Schöpfer, als unseren wahren Vater und unsere wahre Mutter zu sehen zu beginnen. Wir beziehen unser genetisches Erbe von Ihm allein. „Er ist es, der uns gemacht hat und nicht wir selbst. Wir sind seine Herde und die Schafe unter Ihm als Hirten." Wir müssen vor all denen fliehen, die versuchen, in unseren Geist irgendwelche Ideen von körperlicher Schwäche, Verwundbarkeit oder Anfälligkeit einzupflanzen. Unsere Stärke, *über* der Krankheit zu leben, kommt von der wahren Substanz unseres Seins, nicht von Fleisch und Blut, sondern vom Geist und dem Leben Gottes, das frei und ungehindert fließt.

Einige Monate später geschah eine ähnliche Geschichte. Ich hatte das Privileg, mich um einen Herrn kümmern zu dürfen, der aus einem südöstlichen Staat in diese Region gezogen war, um nahe an der Klinik zu sein. Er litt unter einer koronaren Erkrankung der Arterien, so schlimm, dass eine Herzoperation für ihn nicht mehr in Frage kam. Tatsächlich wurde ihm gesagt, alle Arterien seines Körpers seien so verstopft, dass er andauernde Probleme mit Blutklumpen, einschließlich Schlaganfällen und Herzinfarkten etc. zu erwarten hätte. Er erkannte, dass seine Tage persönlicher Produktivität vorbei sein würden, obwohl er sich in seinen besten Jahren befand. Er war ein außergewöhnlicher Patient, der nie von seinem Programm abwich. Auch sonst war er ein außergewöhnlicher Mann. Innerhalb von acht Monaten rannte er täglich fünf Meilen und ging dreimal die Woche zum Reiten. Keiner von uns konnte es mit ihm aufnehmen. An einem Samstagabend rief er mich zu Hause an und entschuldigte sich für das späte Telefonat. Er sagte, er müsse mir vor dem Schlafengehen noch dafür danken, dass ich ihm „ein neues Herz und eine neue Lebenschance" gegeben hatte. Er weinte und ich weinte, dann legten wir auf. Am nächsten Abend, als er mit seiner Frau ausging, fuhr ein Lastwagen in sein Auto und er starb.

Wieder einmal blieb ich mit einer großen Verwirrung und einem leeren Gefühl in meinem Herzen zurück. Was sollte ich aus diesen Ereignissen lernen? Heilen wir die Menschen wirklich, wenn wir nur ihre körperlichen Beschwerden entfernen? Gibt es noch eine andere Heilung als nur die Heilung des Körpers? Gibt es da ein Glaubenssystem bezüglich Krankheit oder Tod, das wir anschauen sollten? Eine Erwartung von Negativität, wenn auch unbewusst und sicherlich ungewollt? Leben wir mit dem Gefühl, dass wir Opfer dessen sind, was immer uns das Leben zuwirft und dass wir ständig den Schlägen ausweichen müssen, wenn sie kommen? Ist dies das Beste, was wir erwarten können? Oder sollen wir diesen Gedankengang herausfordern? Sind wir nach alledem erschaffen, um in Freude und mit der Erwartung von beständiger Fürsorge zu leben, die all unsere Bedürfnisse erfüllt, noch bevor wir sie erkennen? Können wir *über* dem Glauben leben, Opfer von irgendetwas zu sein?

Zuhause hatte meine erste Tochter Linda während ihres Wachstums vage undefinierbare Ängste verschiedenster Art. Als Baby und Kleinkind entwickelte sie oft Fieber und hatte manchmal schreckliche Schmerzen in ihren Füßen. Unsere Lösung war, dass sie nachts in mein Bett kletterte (es geschah immer nachts) und wir die Lieder sangen, die wir in der Kirche gelernt hatten. Nach einigen Liedern schmiegten sich die Kinder an mich und ich begann für sie zu beten.

Sie schliefen fast immer sofort ein. Aber noch davor waren Lindas Fieber und Fußschmerzen vergangen. Dies geschah wahrscheinlich öfter als fünfzigmal. Wir machten immer dasselbe und immer mit demselben Ergebnis.

Damals glaubte ich, dass Gott als höchstes Wesen, der, so wie ich meinte, von Lindas Wesen getrennt existierte, eingreifen und meine Tochter heilen würde. Heute sehe ich dies etwas anders. Heute glaube ich, dass die Ängste, die Linda verfolgten, den sie durchströmenden Fluss der ‚göttlichen Lebensenergie' unterbrochen hatten. Als wir sangen, gaben wir diesen Ängsten keine Macht mehr und der Fluss war wiederhergestellt. Nun erkenne ich, dass das ‚göttliche Leben' Lindas Leben und auch unser Leben ist. Nun erkenne ich, dass wir leben, wenn es ungehindert fließt. Wenn dieser Lebensstrom unterbrochen wird, ist unsere Lebenserfahrung bis zur kleinsten Zelle hinunter von ihrer Lebensenergie abgeschnitten und stirbt. Wir hielten unsere Vision auf den Weg zum Leben gerichtet und weigerten uns, den ‚Affen und Drachen' Beachtung zu geben.

Das Ergebnis von Massenhysterie

Ohne Zweifel kommt nun die schmerzlichste aller Geschichten, die das Märchen von der Massenhysterie in Bezug auf Krankheit erzählt und die alarmierenden Konsequenzen, die solch eine tief verwurzelte Suggestion mit sich bringt, aufzeigt. Darüber zu sprechen, ist schmerzhaft und schwierig für mich.

Sie mögen diesen Fall für extrem halten, doch habe ich dieselben Glaubensmuster immer wieder gesehen, wenn auch auf einer subtileren Ebene, jedoch genauso zerstörerisch.

Diese Geschichte betrifft meine Schwester Peggy und ihren Ehemann Ray, die 36 Jahren verheiratet waren. Sie ist meine einzige Schwester. Wegen unglücklicher Umstände bei uns zu Hause während unserer Kindheit musste sie als die Älteste unseren Bruder und mich aufziehen. Wir schlugen uns einige Jahre so recht und schlecht durch und als sie siebzehn Jahre alt war, heiratete sie den fünf Jahre älteren Ray. Sie zogen gemeinsam drei Kinder auf. Er arbeitete hart und wurde zu seinem fünfzigsten Geburtstag zum Vizepräsidenten einer großen Firma im oberen Staat Kaliforniens befördert. Bald kamen die Enkelkinder, insgesamt neun. Jedoch würden ihre Freude und ihr mehr als verdientes Glück bald zu einem bitteren Ende kommen.

Eines Tages spürte Ray beim Rasenmähen einen dumpfen Schmerz in seiner Brust. Es war nicht schlimm, jedoch alarmierte es ihn. Sie riefen ihren Hausarzt und die Geschehnisse, die folgten, waren schrecklich. Noch vor Sonnenuntergang war Ray im Krankenhaus und wurde auf eine Operation vorbereitet. Peggy rief mich an, sie war hysterisch und weinte. Nicht so sehr wegen der Operation, sondern weil alles so schnell geschah und weil ihm keine Zeit gelassen wurde, eine Entscheidung zu treffen, zu planen oder darüber nachzudenken. Besondere Angst hatte sie vor der Bluttransfusion und sie wollte so lange warten, bis sie sein eigenes Blut „geerntet“ hatten. Ich empfahl ihr zu warten und die ganze Aktion abzubrechen. Ich sagte ihr, sie müsse vorsichtig sein bei Dingen, die ihr in einer Situation, in der keine unmittelbare Lebensgefahr bestand, aufgedrückt werden. Sie nahmen sich niemals auch nur für einen Atemzug Zeit. Ich sagte ihr, dass meine Antwort automatisch „Nein“ sei, wenn mich jemand zu einer Entscheidung zwingen würde, ohne mir vorher Zeit zu geben, darüber nachzudenken, zu beten oder zu erkunden, was die „Weisheit“ in dieser Angelegenheit sei. Immer!

Peggy jedoch unterschied sich in vielerlei Hinsicht von mir. Einerseits folgte sie fast neurotisch Regeln. Sie vertraute jedem, egal was geschah. Da es in ihrem Leben noch nie vorgekommen war, konnte sie nicht glauben, dass es Menschen gab, die selbstsüchtige Motive verfolgen, wenn Sie bestimmte Dinge tun. Autoritäten stellte sie nie in Frage, selbst dann nicht, wenn sie wusste, dass etwas schief ging. Sie gehorchte blindlings. Das ganze Leben hindurch haben wir sie dafür gehänselt. Dieses Mal jedoch flehte ich sie an, mir zuzuhören. Ich hatte eine schreckliche Vorahnung. Trotz allem stimmte sie der Operation zu. Ray bekam seine Herzoperation und erhielt sieben Einheiten Blut während der unmittelbaren Genesungsperiode. Ein

Jahr später hatte er sich noch immer nicht entsprechend erholt. Es ging ihm sogar schlechter als vor der Operation. Der Test ergab, dass Ray mit der Bluttransfusion den AIDS-Virus aufgenommen hatte. Zu dieser Zeit war Peggy ebenfalls HIV-positiv.

Sie nahm gehorsam Medikamente, auch wenn sie wusste, dass diese sie weder heilen noch ihr Leben verlängern würden. Dies ist es, was ich als blinde Hysterie bezeichne. Die Medikamente machten sie so krank und anämisch, dass sie bereits im Vorstadium die Symptome einer voll ausgebrochenen und diagnostizierten AIDS-Erkrankung hatte. Ich redete auf sie ein, dass sie die Medizin nicht einnehmen sollte. Ich las ihr die Nebenwirkungen vor und schickte ihr Artikel von HIV-positiven Leuten, die sich geweigert hatten, ihre Körper mit Drogen voll zu stopfen. Diese Leute entschieden sich vielmehr, ein Programm für Stoffwechselerkrankungen zu absolvieren, um ihr Immunsystem aufzubauen, anstatt es kontinuierlich zu zerstören. Vielen von ihnen ging es nach einigen Jahren wieder gut. Einige konnten einen schriftlichen Beweis vorweisen, dass sie nicht mehr HIV-positiv waren.

Obwohl Peggys Arzt ihr mit seiner Behandlung keine Hoffnung bieten konnte, wollte sie noch immer nichts Neues ausprobieren. Wenn man Menschen sagt, dass sie sterben werden und die empfohlene Behandlung nicht funktioniert, warum soll man die Therapie dann fortsetzen? Mein ganzes Leben lang habe ich dies beobachtet. Die Antwort muss Angst sein, so große Angst, dass sie zu blinder Hysterie führt. Hysterie manifestiert sich normalerweise nicht als lautes, wildes und aggressives Verhalten. Oft paralysiert sie die Person buchstäblich. So war es mit Peg. Sie sprach fast nichts mehr und antwortete nur mit einem Wort, wenn man sie etwas fragte. Anstatt Informationen zu lesen, oder mit Leuten zu sprechen, die erfolgreich Programme zum Immunaufbau absolviert hatten, wählte sie ‚Selbsthilfegruppen'. Sie saßen zusammen, um darüber zu sprechen, wer seit dem letzten Treffen gestorben war.

Sie erzählten sich gegenseitig, wie krank sie waren und welche Medikamente sie nahmen. Ich versuchte ihr klar zu machen, dass sie sich nur auf das Negative konzentrierte. Sie umgab sich mit der Erwartung von Leid und Tod. Sie war paralysiert und starrte auf die ‚Affen und Drachen' Ich hätte genauso gut gegen eine Wand reden können.

Es gab einen Vorfall, von dem ich mir erhoffte, dass er sie aus ihrem hypnotisierten Zustand herausschütteln würde. Sie entwickelte eine Lungenentzündung, was bei Patienten mit dieser Diagnose gängig ist. Dieses Problem hatte sie seit einem Jahr, einmal stärker und einmal schwächer. Während alle die Krankheit dafür verantwortlich machten, beschuldigte ich die Medikamente, da sie das Immunsystem und damit den natürlichen Prozess des Körpers, infektiöse Krankheiten abzuwehren, unterdrückten. Dies ist ein Hauptthema, an dem die traditionelle Heilkunde und der holistische Ansatz aufeinander prallen. Ohne Peggys Mitarbeit war ich für das Abenteuer meines Lebens bereit.

Eines Tages erhielt ich einen Anruf in der Klinik, dass ihre Lunge kollabiert war und sie keine weitere Lebenserwartung mehr hätte. Um davor zu fliehen, las ich ein Buch von Joel Goldsmith mit dem Titel „Die Kunst spirituellen Heilens". Als ich im Krankenhaus ankam, war ich stark ermutigt. Ich kam ungefähr um ein oder zwei Uhr morgens dort an. Als ich sie ansah, fühlte ich, wie mein Blut zu Eis erstarrte. Die Zerstörung, die ich in ihrem kleinen Körper sah, war schlimmer als ich aushalten konnte. Kein menschliches Wesen könnte jemals solch ein Leid aus irgendeinem Grund „brauchen". Ich fühlte, dass alles in mir in diesen Raum hinein explodieren würde. Es gab sogar einen Moment, in dem ich erblindete und alles schwarz wurde. Irgendwie durch die Gnade Gottes konnte ich mich wieder fangen, legte mich zu ihr ins Bett und begann das Buch laut zu lesen. Ich las es acht Stunden lang ohne aufzuhören. Ich wusste, dass der Feind nicht diese dumme Krankheit war. Krankheit hat keine Macht, irgendetwas zu zerstören, was Gott gemacht hat. Früher dachte ich, dass Krankheit der Feind sei. Viele Jahre hindurch dachte ich dies, doch das ist lange her. Nun wusste ich, dass der Feind die blinde Suggestion und die blinde Hysterie waren. Weltglauben. All die

Konditionierungen, was wir zu sehen und zu erwarten hätten. All die ängstlichen Bilder, die unsere Herzen und unseren Geist eingenommen hatten.

So las ich die Worte, die das Gegenteil von alledem behaupteten. Ich las laut die Worte, die Gott als unser Leben lobten. Worte, die sich weigerten, die Macht abzugeben, die dem ‚göttlichen Leben' und der ewigen Liebe gehörten. Die Krankenschwestern waren großartig. Sie kamen, um Peg beizustehen und lächelten mir zu, während ich las. Einige kamen zu mir, um mich zu umarmen. Ich hatte eine Mission. Wenn ich schon meine Schwester nicht retten konnte, würde ich zumindest nicht in irgendeine Krankheit einwilligen. Ich lobte Gott als die allmächtige Präsenz, die Er sagt, dass Er sei. Ich sah nicht auf ‚die Drachen', sondern blieb auf dem Weg hin zum Leben fokussiert.

Ungefähr um neun Uhr morgens kam Peggy zu Bewusstsein und sah, dass ich da war. Ich wiegte und umarmte sie und strich ihr über ihren kahlen Kopf. Bald saß sie an der Bettkante und kurz darauf ging sie mit meiner Hilfe auf die Toilette. Zum Erstaunen aller wurde sie am selben Abend noch entlassen und wir nahmen sie mit nach Hause.

Ich hatte so sehr gehofft, dass dieses Ereignis ihre Meinung über die Situation ändern würde. Ein Jahr lang schien es auch so. Sie begann, ein wenig in ihrer Bibel zu lesen. Jedoch ließ sie die Krankheit nie los. Sie fragte mich oft, warum Gott sie strafe. Sie war ihr Leben lang ein engagiertes Kirchenmitglied gewesen und ging immer in die Kirche, in der wir aufgewachsen waren. Diese Kirche glaubte an das Konzept, dass alles Leid der Wille Gottes sei. Sie erzählten ihr sogar, dass sie das Privileg hatte, für Gott zu leiden. Ich führte ihre Verwirrung und Unfähigkeit, Hoffnung zu umarmen, auf ihre lebenslange Vertiefung in diese Gedanken zurück. Nichts, was ich sagte, erreichte sie. Nichts, was ich ihr vorlas, konnte ihre Verwirrung überwinden.

Ray im Gegensatz war von der Information begeistert. Er sprach mit verschiedenen Leuten in den USA, die den Weg des Wiederaufbaus gegangen waren und die medikamentöse Behandlung abgelehnt hatten. Er schleifte Peggy nach San Antonio und sie wohnten ein Jahr lang bei mir. Er blieb seinem Programm treu und fühlte sich großartig. Seine Blutwerte verbesserten sich drastisch. Er nahm an Übungsprogrammen teil und begann, zu einer Kirchengruppe zu gehen, die sich auf spirituelle Heilung konzentrierte. Er war nicht mehr bettlägerig.

Peggy blieb in ihrem zurückgezogenen Zustand. Zurückhaltend absolvierte sie einen kleinen Teil ihres Programms, doch wir mussten sie ständig dazu zwingen. Sie war in ein Drama eingesperrt, aus welchem sie trotz all meines dringenden Flehens und meiner Gebete nie herauskam. Bald vermisste sie ihre Enkelkinder und da sie davon überzeugt war, dass sie sowieso sterben würde, fuhr sie nach Hause, um ihre Zeit mit ihnen zu verbringen.

Ich muss sagen, dass sie wie ein Schaf war, das zum Schlachthof geführt wurde. Sie richtete ihren Blick nie in eine andere Richtung. Als sie schwächer, dünner und kahlköpfiger wurde, wurde Ray immer depressiver. Er fühlte sich für ihre Erkrankung verantwortlich. Er wollte nicht ohne sie leben. Kurz darauf beendete er sein Programm und sank ebenfalls in eine Verzweiflung. Mit seinem geschwächten Abwehrsystem begann er widerwillig die Medikamente zu nehmen, die ihm verordnet wurden. Letztlich begann er, Krankheitssymptome zu zeigen und wurde immer kränker und schwächer.

Da Peggy von den Medikamenten so anämisch wurde, bekam sie keine weiteren mehr verordnet. So wendete sich das Blatt. Ray ging es immer schlechter und Peggys Blutwerte wurden immer gesünder. Eigentlich verbesserten sich ihre Blutwerte seit dem Kampf mit der Lungenentzündung im Krankenhaus und seit ich ihr *Die Kunst des spirituellen Heilens* vorgelesen hatte. Klinisch sah es gut für sie aus. Keines der Krankheitssymptome war je wieder aufgetreten.

Jedoch nahm sie noch immer ab und blieb in ihrem depressiven Zustand stecken. Sie weigerte sich zu essen, zu sprechen oder aus dem Bett aufzustehen. Jeden Donnerstagnachmittag verließ ich die Klinik, um nach San Francisco zu fliegen und die beiden am Wochenende zu versorgen. Jetzt hatte ich die Hoffnung aufgegeben, dass sich die Situation jemals verändern würde. Ich wusste, dass ich dadurch, dass ich für die Wahrheit stand und betete, die Energie eine Weile für sie halten konnte. Doch sie müssten ihr eigenes Bewusstsein ändern, mehr als sie wollten oder konnten zurücklassen und das umarmen, was sie nie verstanden.

Es ist schwer, sich von ‚den Drachen' abzuwenden, wenn man vorher nicht gelernt hat, wie man mit ‚den Affen' umgeht.

Nun lagen beide in ihren Betten in ihrem Zimmer. Wir schoben die Betten eng zusammen, damit sie sich gegenseitig an der Hand halten konnten. Ray war zu krank, um viel zu essen. Er wurde immer dünner und sank immer tiefer in einen Sterbezustand. Peggy auf der anderen Seite verweigerte einfach das Leben. Obwohl ihr Geist sich dem Leben verschlossen hatte, verbesserten sich ihre Blutwerte ständig. Alles, was ich in dem Moment für sie tun konnte, war mich zu ihr ins Bett zu legen, sie zu halten und ihr zu sagen, welch wundervolle Schwester und was für ein wunderbarer Mensch sie sei. Unsere Kindheit war die Hölle gewesen. Irgendwie hatte sie es geschafft, nicht nur selbst nach oben zu kommen, sondern auch mich mitzuziehen. Ich bin dankbar, dass ich endlich aufgehört hatte, sie zu necken und dass ich Zeit damit verbringen konnte, ihr zu sagen, wie viel sie mir bedeutete.

Es war, als ob jeder auf den anderen wartete, zuerst zu sterben. Keiner wollte den anderen zurücklassen. Ray starb als erstes und zwei Tage später folgte ihm meine geliebte Schwester. Während sie auf ihn wartete, verlor sie so viel Gewicht, bis sie nur noch vierzig Pfund wog. Es wurde bestätigt, dass Peggy nicht an AIDS gestorben war, sondern an Unterernährung und einem gebrochenen Geist. Sie hatte nicht ein einziges körperliches Symptom der Krankheit.

Es war ihr Glaube, der sie nahm, ihre Erwartung, das, was sie als Bild in ihrem Geiste trug. Massensuggestion, die eine übermäßige Anziehung auf das Unheil ausgelöst hatte.

KAPITEL SIEBZEHN

RECHTSCHAFFENE ANSICHTEN BEURTEILEN

Was genau ist Krankheit? Ist es eine feste Entität? Etwas durchaus Greifbares und Substantielles? Oder ist es, wie bei der Dunkelheit, die Abwesenheit von Licht, einfach das Fehlen von Ordnung und Harmonie? Wenn dem so ist, dann könnte Krankheit als Unterbrechung in jedem Bereich unseres Lebens klassifiziert werden – als etwas, das Durcheinander, Unordnung und Chaos produziert, wann und wo auch immer es einen Verlust von Ordnung gibt. Dann könnten wir uns darauf konzentrieren, die von Gott gewollte Ordnung und Harmonie in jeder gegebenen Situation wieder herzustellen, was bewirken würde, dass sich die Krankheit auflöst. Das würde die äußerst sinnlose Praxis, der Krankheit auf den Kopf zu schlagen, beseitigen. Diese Praxis gibt der Krankheit in unserem Leben gigantisch viel Macht und wir brauchen uns dann nicht zu wundern, wenn sie uns bestimmt und dann zerstört.

Anstatt unseren Fokus auf den Körper zu richten, wenn wir krank sind, auf unseren Job, wenn die Karriere stagniert oder auf was auch immer das Gebiet der Unordnung sein mag, sollten wir in die Richtung unserer Gedanken schauen.

Bestimmt Frieden alle unsere Angelegenheiten? Haben wir in unserer Beziehung zu Gott ein friedliches Gefühl? Fühlen wir uns in unseren Beziehungen zu Hause friedvoll, z. B. mit unseren Eltern? Sind wir mit unseren Arbeitskollegen und Nachbarn im Frieden? Wie sieht es auf der Autobahn oder im Großmarkt aus? Am allerwichtigsten, sind wir im Frieden mit uns selbst?

Erkennen wir das Bild, das Gott von jedem von uns gemahlt hat? Sind wir in der Lage, in uns selbst und bei den anderen zu fühlen, was Er über jeden Einzelnen von uns weiß und fühlt? Wissen wir, was Gott in Bezug auf uns sieht? Oder glauben wir, dass Er urteilt, wie wir urteilen, streng nach dem, was unsere Augen sehen, was unsere Ohren hören, was unser Scheckbuch uns sagt, oder was unsere Körper fühlen?

...auf welchem wird ruhen der Geist des Herrn, der Geist der Weisheit und des Verstandes, der Geist des Rates und der Stärke, der Geist der Erkenntnis und der Furcht des Herrn... Er wird nicht richten, nach dem, was seine Augen sehen, noch Urteil sprechen, nach dem, was seine Ohren hören, sondern wird mit Gerechtigkeit richten die Armen und rechtes Urteil sprechen den Elenden im Lande... denn das Land ist voll Erkenntnis des Herrn, wie Wasser das Meer bedeckt. JESAJA 11

Worauf ich hinaus will, ist Folgendes: Wenn Gott sich selbst als ‚göttliche Liebe' beschreibt, müssen wir, die wir nach seinem Vorbild geschaffen wurden, daraus folgern, dass diese Liebe die wahre Essenz unseres eigentlichen Seins ist. Wenn wir den Fluss dieser Liebe in irgendeinem Gebiet unseres Lebens drosseln, dann blockieren wir die Leben spendende Energie, die nötig ist, durch uns hindurch zu fließen, um die Ganzheit und die Gesundheit unserer Körper zu erhalten.

Durch die Wiederherstellung des Flusses der Liebe können wir tatsächlich unser Leben in die ‚göttliche Ordnung' zurückbringen und erneut die Gesundheit unserer Körper erfahren. Unsere Körper, unsere Finanzen, unsere Jobs, unser Zuhause und unsere Familien sind alles physische Ausdrücke der Gedanken, die uns in unserem täglichen Leben umgeben. Ändern wir die Gedanken, dann ändern wir die physischen Manifestationen unseres Lebens.

Das wahrscheinlich populärste Thema in allen Heiligen Schriften ist die Idee der Gnade Gottes und Ihres dynamischen Einflusses auf das Leben derer, die sie erfahren. Die einzige Voraussetzung, diese immer vorhandene Gnade zu erfahren, ist, dass wir dieselbe Gnade, die wir selbst zu erfahren wünschen, für andere empfinden. Wenn wir hart über jemand anderen urteilen, egal, wie sehr wir denken, wir seien damit im Recht, blockieren wir den ‚Fluss der göttlichen Liebe' in und durch unser Leben und unseren Körper.

Der Schlüssel, der uns erlaubt, im Angesicht fürchterlicher Ereignisse und erschreckender Erfahrungen dazu in der Lage zu sein, ist folgendes Verständnis: Die absolute ‚göttliche Liebe' beinhaltet das Versprechen an ihrer Schöpfung, dass uns Gott nach seinem Ebenbild geschaffen hat und dass nichts diese Tatsache unserer wahren Existenz jemals ändern kann. Da wir aber das alte Wissen vergessen haben, halten wir an verschiedenen eigenartigen Ideen über uns selbst fest, die uns dazu bringen, auf alle möglichen, seltsamen Arten zu handeln und zu agieren. Aber das Absolute ist immer noch das Absolute. Wenn wir dies in anderen sehen können, sehen wir es auch in uns selbst.

Während meiner 25 Jahre Praxis in der Klinik gab es zwei Patienten, die dieses Prinzip auf dramatische Art und Weise demonstrierten.

Schon sehr früh traf ich eine junge Frau, die ich Betty nennen will. Sie kam aus einer wohlhabenden und prominenten Familie. Ihre Mutter war in den „religiösen" Kreisen der Stadt gut bekannt. Ich weiß nicht mehr, was sie zuerst in unsere Klinik brachte. Es war ihr nicht sehr ernst und sie blieb nicht lange. Aber einige Jahre später kam sie zurück. Jetzt war sie geschieden und lebte mit ihrem kleinen Sohn im Hause ihrer Eltern. Sie war gerade aus einer der Kliniken hinter der Grenze (in Mexiko) mit der Diagnose von gestreutem Brustkrebs und einer prognostizierten, restlichen Lebenserwartung von nur ein paar Wochen zurückgekehrt. Sie sah sehr danach aus, diese Prophezeiung erfüllen zu wollen. Sie war dünn und schwach. Sie hatte einen Tumor von der Größe einer Orange, der aus ihrem Brustknochen herausragte. Sie war an dem Programm nicht interessiert. Ich sollte ihr nur die täglichen Infusionen geben, die ihr in Mexiko verordnet wurden, um ihren Schmerz zu lindern. Also brachte ihre Mutter sie täglich in die Klinik, damit ich damit beginnen konnte, sie an den Infusionstropf zu hängen. Wenn er leer war, ging sie zum Auto und es ging ab nach Hause. Das ging ungefähr zehn Tage so. Als das Wochenende kam, stimmte ich zu, ihre Mutter für die täglichen Infusionen zu mir nach Hause zu bringen, da ich circa eine Stunde von der Klinik entfernt wohnte.

Meine Schwester und mein Schwager waren gerade zu Besuch. Das war ein Jahr bevor sie krank wurden. Ich erinnere mich daran, dass Betty so schwach war, dass Ray sie ins Haus tragen musste. Ihre Venen kollabierten und ich hatte Probleme, sie an die Infusion zu hängen. Deshalb bat ich alle, das Zimmer zu verlassen, damit ich mich besser konzentrieren konnte. Ich kniete vor ihren Beinen, brachte die Infusion zum Laufen und entschied, dass ich da blieb und sie festhielt, so lange die Lösung durchfloss. Wir haben nie ein Wort miteinander geredet. Sie setzte sich mit geschlossenen Augen hin und sie hatte ihren Kopf hinten auf den Lehnstuhl gelegt. Ich hörte sie etwas murmeln wie „Vater, ich bin jetzt nicht weit von deinem Königreich.“

Ich schaute auf ihre pathetische Form mit all den Geschwülsten und Beulen, die überall heraus kamen Sie war dünn und ausgezehrt durch die verheerenden Wirkungen der Krankheit. Ich hasste, was ich sah. Ich fühlte dieselbe Mixtur von Rage und Hilflosigkeit, die ich nur allzu gut kannte. Aus Verzweiflung betete auch ich still. Alles, woran ich mich erinnere, ist, dass ich sagte: „Ich weiß, dass ich nichts habe, was ich ihr anbieten kann. Ich weiß auch, dass Deine Liebe zu rein ist, um zu erlauben, dass so etwas existiert. Aber aufgrund von dem, was ich sehe, weiß ich nicht, wie ich mich damit versöhnen soll.“ Nachdem die Lösung eingeflossen war, brachte Ray sie zum Wagen zurück und sie fuhren nach Hause.

Am nächsten Tag, als sie herein kam, war ich in der Klinik so mit Dingen, die ich nicht unterbrechen konnte, beschäftigt, dass ich deshalb jemand anderen bat, mich zu vertreten und bei ihr zu sein. Ich erinnerte mich, dass ich ihr gegenüber etwas anders fühlte, aber ich hielt nicht lange genug inne, um noch einmal darüber nachzudenken, was es war. Am nächsten Tag passierte dasselbe. Wieder nahm ich einen Unterschied wahr und wieder nahm ich mir nicht genügend Zeit, herauszufinden, was es war. Am dritten Tag, als sie gerade an mir vorbei ging, tastete ich nach ihrem Arm und fragte sie: „Bist du geheilt?“ Sie lächelte und sagte: „Ja.“ Danach ließ sie ihre CAT-Bilder, MRIs und Blutbilder machen, die alle eine normale, wenn auch ziemlich dünne, gesunde junge Frau zeigten. Der Tumor an ihrer Brust war weg. Sie sagte, dass sie anfing, sich besser zu fühlen, als sie mein Haus letztes Wochenende verließ. Sie wusste, dass Gott sie geheilt hatte. Ich wusste unendlich mehr.

Ich wusste, dass Gott mein Wissen und das Verkünden seiner Liebe und Güte honorierte, ungeachtet dessen, was meine Augen sahen und was meine Erfahrungen sagten. Ich wusste, dass Er sagte: „Ja, das bin ich. Und Ich weiß, dass es das ist, was auch sie ist." Ich war mehr als hingerissen. Wegen dieser Heilung, ja! Aber am allermeisten wegen der ungefragten Enthüllung der Wahrheit bezüglich Gott und dem Menschen. Jetzt wusste ich ohne jeden Zweifel, dass dieses Verständnis der ‚Pfad zum Leben' war, das ‚Prinzip des Lebens'. Das ist die Position, die wir einnehmen müssen, unabhängig von den Umständen oder Ereignissen.

Sie bekam tatsächlich sofort ihre ganze Kraft wieder zurück. Deshalb habe ich sie danach auch nicht mehr oft gesehen. Es gab da nur ein Vorkommnis, das mir ziemlich zu denken gab. Sie hatte mir vorher erzählt, dass sie und ihre Mutter ihren Ex-Mann wegen des Sorgerechts für ihr Kind gerichtlich belangten. Sie war fest entschlossen, ihm nicht einmal das Besuchsrecht zu lassen. Sie war richtig in diesen Gerichtsprozess, sowie in den Hass und die Hetzerei, die solch eine Aktivität immer begleiten, involviert gewesen. Ich erinnere mich, ihr gesagt zu haben, dass sie auf ein Desaster zusteuere, wenn sie damit fortfahren würde. Sie wurde sehr ärgerlich, als ich ihr das sagte, ging direkt zum Telefon und rief ihre Mutter an. Die beiden tuschelten eine Welle lang am Telefon, dann ging sie. Ich sah sie nie wieder. Das sichtbare Fehlen von Gnade, wo sie selbst doch so viel Gnade von Gott erfahren hatte, machte mir wirklich Sorgen.

Ein Jahr später kam der Krebs wieder. Und obwohl ich nie eine Chance hatte, sie noch einmal zu sehen, wusste ich in meinem Herzen, was passiert war. Betty starb. Meiner Meinung nach starb sie aber nicht an der Krankheit. Durch ihre Unwilligkeit, ihren Ex-Mann in demselben Licht zu sehen, das Gott in ihr sah, blockierte sie den Fluss des Geistes des Lebens durch ihr Sein.

Und da, wo einst Licht und Leben war, blieb nur Dunkelheit und Tod.

Ein ähnlicher Vorfall ereignete sich vor ein paar Jahren. Ich traf einen Mann und dessen Frau, nachdem er bereits Bestrahlungen gegen Wirbelsäulenkrebs bekommen hatte. Der Krebs blieb durch die Bestrahlungen unbeeindruckt. Er hatte inzwischen in viele Gebiete der Knochen gestreut. Sogar sein rechter Arm war durch die Anwesenheit der Krankheit gebrochen. Er hatte schon 76 Pfund Gewicht verloren. Nachdem ich sie befragt hatte, fuhren sie zurück nach Hause in ihren Heimatstaat, um alles zu packen, in das Umfeld der Klinik zu ziehen und sich dort behandeln zu lassen. Als sie zur Tür hinausgingen, erinnere ich mich, meiner Kollegin gesagt zu haben, dass ich mich frage, ob er wohl noch lange genug leben würde, um zurück zu kommen. Aber sie schafften es zurück und begannen sofort mit dem Programm.

Ich wusste wirklich nichts über diesen Mann, außer, dass er ein eigenes Geschäft hatte und einen ziemlichen Ärger auf seinen Arzt mit sich herum trug. Die Geschichte ist folgende: Vor zwei Jahren hatte er sich einen Leberfleck entfernen lassen. Er sollte angerufen werden, falls es ein Problem mit dem pathologischen Befund gegeben haben sollte. Als er nichts von seinem Arzt hörte, nahm er an, dass alles in Ordnung sei. Ein Jahr später begann er, Schmerzen in seiner unteren Wirbelsäule zu spüren. Da wurde dann entdeckt, dass der Leberfleck bösartig gewesen war und nun Krebszellen über alle Teile seines Körpers gestreut hatte. Sie erzählten mir, dass sie den Arzt gerade verklagten und dachten, dass ich sicherlich erkennen würde, dass sie Recht hatten.

Dieses Mal, während ich mich an die Erfahrung mit Betty vor Jahren erinnerte, nahm ich einen stärkeren Standpunkt ein. Ich las ihnen aus dem Matthäus-Evangelium im Neuen Testament, Kapitel 18, vor, in dem ein König alle Menschen seines Königreiches zusammen gerufen hatte, damit sie ihm sämtliche Schulden bezahlten, die sie bei ihm hatten. Seine Diener zerrten einen Mann vor das Angesicht des Königs, der weinte, bettelte und darum flehte, dass der König ihm seine Schulden erließe, weil er kein Geld hatte, diese zurück zu zahlen. Der König gewährte ihm Gnade, erließ ihm seine Schulden und schickte ihn als freien Mann nach Hause. Außerhalb des Palastes traf dieser Mann einen anderen Mann, der ihm wesentlich weniger Geld schuldete als das, was der König ihm erlassen hatte. Der zweite Mann bettelte auch und flehte darum, dass ihm seine Schulden erlassen würden, aber der erste Mann wollte es ihm nicht gewähren. Die Diener des Königs sahen all das, was der Mann getan hatte, gingen zum König und erzählten es ihm. Der König war außer sich und ließ den Mann zurückholen. Er sagte zu ihm: „Ich erließ dir deine Schulden an mich, aber du zeigtest keinerlei Gnade mit deinem Bruder und lehntest es ab, ihm seine Schulden zu erlassen. Du wirst ins Gefängnis geworfen, wenn du mir nicht alles zurückzahlst, was du mir schuldest."

Als ich mit dem Lesen fertig war, weinten der Patient und seine Frau und fragten: „Was sollen wir tun?" Ich sagte ihnen, sie sollten ihrem Arzt vergeben und den Gerichtsprozess sofort stoppen. Ich sagte ihnen, dass es im Rahmen des menschlichen Versagens sei, Fehler zu machen. Und dass ihr Leben sowieso niemals in den Händen des Arztes war, sondern in den Händen Gottes. Es wäre Götzendienst, einen Menschen so an die Stelle von Gott zu stellen.

Die Geschichte muss sie wohl beeindruckt haben, denn sie stoppten den Gerichtsprozess. Der Mann wurde immer stärker und nahm an Gewicht zu. Nach vier Monaten hatte er sein altes Gewicht wieder erreicht und die Schmerzen waren weg. Als er den Check-Up mit allen verfügbaren Tests und Scans wiederholen ließ, wurde bestätigt, dass der Krebs verschwunden war. Sogar die Knochen waren wiederhergestellt.

Für fast zwei Jahre blieb er stark und gesund. Er baute für sich und seine Frau ein neues Haus und wir wurden gute Freunde. Bald aber kehrten die Schmerzen in seinem Rücken zurück. Die Tests zeigten eine Rückkehr des Krebses und trotz aller Anstrengungen, die wir unternahmen, starb der Mann, scheinbar an Krebs. Ich wurde gebeten, seinen Beerdigungsgottesdienst zu leiten. An diesem Tag erfuhr ich, dass ihn vor vier Monaten ein Anwalt aus seiner ehemaligen Heimatstadt angerufen und ihn und seine Frau dazu überredet hatte, den Gerichtsprozess wieder aufzunehmen. Noch einmal, der freie ‚Fluss der göttlichen Liebe', der auch unser Leben ist, wird durch die Weigerung, unsere Brüder im Lichte Gottes zu sehen, blockiert und deshalb halten wir unser Geschenk der Gnade und des Lebens von ihnen fern. Wir tun das alle und wir leiden alle darunter. Es ist das Gesetz von Säen und Ernten, Ursache und Wirkung. Eine Woche bevor er starb, war ein Scheck der Versicherungsgesellschaft in seinem Briefkasten.

Im Gegensatz zu dieser Geschichte möchte ich eine andere Begebenheit erzählen: Es kam eine Patientin aus Kalifornien mit einem Mammographie-Bericht zu uns, der ihr ein weit gestreutes, intraduktales Karzinom in der rechten Brust quittierte. Dieser spezielle Typ von Krebs hat den Ruf, die bösartigste und aggressivste Form des Brustkrebses zu sein.

Ich muss versuchen, Ihnen Janet zu beschreiben. Sie war noch nicht eine Woche in der Klinik und sie wusste schon alle unsere Namen und welche Art von Keksen jeder am meisten liebte, Patienten und Angestellte gleichsam. Sie blieb nachts wach, backte und erschien täglich mit Snacks und Süßigkeiten für jeden. Jede Person musste ihrem eigenen Programm folgen, welches sich oft sehr von dem eines anderen unterschied. Also fand Janet auch heraus, was jedem erlaubt war zu essen und was nicht und machte immer Kekse und Kuchen entsprechend den spezifischen Anforderungen eines jeden. Ich spreche hier von vierzig bis fünfzig Personen! Sie wich nie von ihrem eigenen Programm ab und beschwerte sich nie. Niemand, der sie beobachtete, konnte ihre fürchterlichen Schmerzen bemerken. Tatsächlich wusste keiner der Patienten, warum sie Patientin in der Klinik war, obwohl sie sich schon seit zehn Monaten hier aufhielt. Das passiert selten in einer Klinik. Während der ganzen Tortur blieb Janet liebenswürdig, gab immer und vergaß sich weiterhin total. Sie lehnte es ab, auf ihre eigene Situation einzugehen und entschied sich stattdessen, ihre ganze Zeit darauf zu verwenden, sich um die Bedürfnisse der anderen zu kümmern. Das war kein neuer Gedanke für Janet. Ich kannte sie fast mein ganzes Leben lang und kannte sie nicht anders. Liebe ist nicht nur ein Fokus von ihr, sondern eine Art zu leben.

Die spirituelle Wahrheit dahinter ist folgende. Es gibt Menschen, die sind in der Idee verwurzelt, dass wir nach Gott streben müssen, um Ihn letztendlich zu erreichen. Wir müssen uns für Ihn „entscheiden" und bestimmten Doktrinen und Überzeugungen folgen, wenn wir etwas von Ihm empfangen wollen. Wir müssen unendlich viele Gebete an Ihn richten und viele Menschen bitten, auch für uns zu beten. Kurz gesagt, wir müssen unseren Teil „tun".

Der Unterschied hier war, dass Janet Agnostikerin war. Sie verneinte Gott nicht, glaubte aber auch nicht an seine Existenz. Sie wusste es einfach nicht und es schien sie auch nie wirklich zu kümmern. Und doch konnte man sehen, wie die ‚göttliche Liebe', trotz ihres offensichtlichen Desinteresses an Spiritualität, frei durch sie hindurch floss und ihre Bedürfnisse befriedigte. Einmal und nur einmal, erwähnte sie in einem Gespräch mit mir Gott. Sie sagte, sie würde sich wie eine Heuchlerin fühlen, Gott um Hilfe zu bitten, nachdem sie Ihn all die Jahre ignoriert hatte. Das war meine Antwort an sie: „Wenn du dein ganzes Leben damit verbringst, nie den Gesang der Vögel wahrzunehmen, obwohl sie Tag für Tag für dich singen, meinst du, sie würden ihre Flügel zusammen falten, ihre kleinen Köpfe in den Himmel erheben und sich in Ärger und Protest weigern, für dich zu singen, weil du sie all die Jahre ignoriert hast? Dasselbe trifft auf Gott zu, der, aus seinem eigenen Sein heraus, auch die Vögel erschaffen hat." So, wie der Gesang der Vögel eine unpersönliche Angelegenheit ist, hervorgebracht durch ihre eigene Natur, ist es in gleicher Weise auch die Aktivität der ‚göttlichen Liebe' und des Lebens. Sie bringt alles hervor, was durch seine Präsenz in ‚göttliche Ordnung' kommt. Sie agiert aus seiner eigenen Natur heraus, nicht als Antwort auf uns. Wir können uns nur in seine Präsenz ergeben. Dadurch, dass wir Liebe geben, so wie Janet das ohne es zu wissen getan hat.

Noch einmal, wir haben es hier mit Gnade und der allzeit gegenwärtigen ‚göttlichen Liebe' zu tun, nicht mit unseren eigenen Bemühungen in Rechtschaffenheit. Wenn der Fluss einmal geöffnet ist, wird alles auf seinem Weg in ‚göttliche Ordnung' gebracht. Janet, die nichts von ‚dem Pfad' wusste, hielt den Fluss einfach durch Lieben offen. Sehen Sie, Janet wusste nichts von Gott, aber Gott kannte Janet. Und Er sah in ihr seine eigene Vollendung. Obwohl sie Ihn nicht beim Namen kannte, war sie doch ein lebendiger Ausdruck der ‚göttlichen Liebe' und nichts konnte diese Liebe in Ihrem Fluss unterbrechen.

Die klare Definition vom Konzept der Liebe basiert demnach nicht auf der Emotion und der Gefühlswelt, wie wir immer angeleitet wurden, zu glauben. Es ist die Wahl, zu sehen, zu wissen und zu begreifen, dass die Herrlichkeit des Schöpfers, egal wie extrem und außerordentlich die äußere Erscheinung im Gegensatz dazu sein mag, hinter dieser Erscheinung steht, Gott in all seiner Schönheit, Ordnung und Harmonie.

Die Erde ist Gottes und die Fülle darauf; die Welt und alle, die darin wohnen. PSALM

Wegen Ihm und durch Ihn und zu Ihm sind alle Dinge. RÖMER

Er ist das wahre Licht, das jeden Menschen erleuchtet, der auf die Welt kommt. JOHANNES

Also, wenn wir die Gnade in unserer Vision gegenüber anderen wählen, dann stellen wir den ‚Fluss der göttlichen Liebe' in uns selbst wieder her. Beseitigen Sie das, was schwer geht – (engl.: dis-ease) und die Lösung des physischen Problems wird folgen.

KAPITEL ACHTZEHN

WAS IST LEBEN?

Wir alle finden uns als Schauspieler im Drama des Lebens wieder, so, wie wir es bisher definiert haben. Wir haben das Leben nur so *gesehen* und dementsprechend interpretiert. Diese Sichtweise und diese Interpretation basierten auf dem, was uns gelehrt worden war, wie das Leben zu sein hat. Glauben wir, weil wir sehen – oder sehen wir, weil wir zuerst geglaubt haben, dass es wahr sei?

Auf jeden Fall gibt es Gottes Vision des Lebens, so wie Er es aus seiner Vorstellung heraus geschaffen hat und dann gibt es die menschliche Art, Dinge zu sehen. Das Eine bringt uns die Herrlichkeit des Lebens und das andere führt uns in all die Verwirrungen, in denen wir momentan leben. Der Trick hierbei ist, gewillt zu sein, das eine gehen zu lassen und sich auf das andere auszurichten. Anstatt das altbekannte Lebenskonzept in Gedanken festzuhalten, lassen Sie uns ein neues ausprobieren und sehen, ob die Mühe, diesen Samen einzupflanzen, eine Ernte von guten Erfahrungen in unserem Leben hervorbringen wird. So wie wir in der Klinik während so vieler Jahre die wundervollen Heilungen durch die Reinigung des Körpers von Umweltgiften beobachtet haben, lassen Sie uns nun dieses offensichtlich erfolgreiche Konzept in die geistige Ebene aufnehmen und dadurch, dass wir unseren Geist erneuern, beweisen, was uns in Wahrheit von Gott gegeben wurde.

„So, wie wir das Bild des Irdischen getragen haben, wollen wir uns nun darauf ausrichten, das Bild des Himmlischen zu tragen." Lassen Sie uns auf das Bild des Himmlischen blicken und dieses definieren. Während wir dies tun, lassen Sie uns daran denken, dass es dieses Bild ist, nach dem wir geschaffen wurden und nach dem wir unser Leben bekommen haben.

Was ist Leben? Diese Frage klingt ziemlich dumm, nicht wahr? Wissen wir nicht alle, was Leben ist? Ja oder nein? Es gab eine Zeit, in der ich dachte, die Antwort auf diese Frage zu kennen und auf einer sehr künstlichen Ebene des Denkens war es auch so. Als die Jahre jedoch vergingen und mit ihnen so viele Erfahrungen, die wir als Situationen, in denen es um Leben und Tod geht, bezeichnen, musste ich mir mein Verständnis bezüglich des Lebens genauer ansehen. Ich musste meine vorherrschenden Gedanken und deren Legitimität überprüfen. Bald erweiterten sich die Grenzen und die Begrenzungen und machten einem Verstehen Platz - einem Verstehen zu einer Erfahrung solch eines Wunders und solch einer Klarheit! Damit hat sich meine ganze Sichtweise, meine gesamte Wahrnehmung und meine Art, der Krankheit zu begegnen und diese zu eliminieren, verändert. Eigentlich musste sich meine Vorgehensweise, wie ich der gesamten Erfahrung begegne, die sich Leben nennt, verändern.

Selbstverständlich definieren wir Leben als geboren werden, wachsen, reifen, alt werden und sterben. Sterben bedeutet das Ende des Lebens und die Geburt ist der Beginn. Der Kampf dazwischen ist die ganze Erfahrung, die wir *mein Leben* nennen. Mit dieser Sichtweise müssen wir die bestmöglichste Erfahrung aus ihm herausholen. „Das Leben ist kurz." „Wir ernten das aus dem Leben, was wir säen." „Der Stärkste überlebt."

Nach jeder Runde wird uns gesagt, wir sollen hinaus gehen und dafür sorgen, dass es geschieht! „Tu du es, bevor es dir angetan wird." Werde zum *Stärksten* oder sei das Opfer des *Stärksten*. Das Leben wird zu einem Wettlauf hin zur Endlinie und wenn wir dort ankommen, kämpfen wir weiter, um sie nicht überschreiten zu müssen. Die Reise ist schnell, arbeitsaufwändig, erschöpfend, Angst erregend, unsicher und oft rücksichtslos.

Wir beginnen zu konkurrieren, weil wir den Erfolg unserer Bemühungen mit dem anderer vergleichen. Wir bemessen Erfolg danach, wie lange wir im Rennen geblieben sind, wie viel wir aus weltlicher Sicht erreicht und wie viel wir während des ganzen Weges erworben haben. Wir sind die Sonne unseres Lebens und wir sind dafür verantwortlich, die ganze Zeit alles um uns herum in vollkommener Harmonie in Bewegung zu halten. Wir sind verantwortlich dafür, dass ‚es' geschieht. Es ist unsere Mühe, unser Schweiß. Wir tragen die Last unseres Lebens mit uns herum. Wenn wir unter diesen Bedingungen erfolgreich sind, blasen wir uns auf, weil wir uns selbst so wichtig nehmen. Versagen wir unter diesen Bedingungen, sind wir voller Selbstverurteilung und Bedauern. Beides ist gleichsam zerstörerisch.

Ist es dann verwunderlich, dass das Ergebnis Leid ist? Ist es ein Wunder, dass wir uns in Pillen, Alkohol und Essen flüchten? Ist es ein Wunder, wenn wir uns hinter dem Leben anderer verstecken, wie in Schnulzen, Sport, Filmen, Fernsehen und Romanen? Verwundert es noch, wenn wir keinen Mut haben, dem Leben als dem, was es ist, gegenüberzutreten?

Wir sind das Zentrum unserer Interpretation des Lebens. Deshalb wollen wir dieser Sicht des Lebens aggressiver begegnen und werden zum Tyrannen der Gruppe. Vielleicht wählen wir, Buchstaben hinter unseren Namen anzusammeln, um unsere vorläufigen Positionen zu sichern. Wir mögen uns durch den Erwerb von Reichtum oder Positionen, Häusern und Land Respekt verschaffen. Vielleicht werden wir anderen gegenüber zynisch und urteilend, um die Aufmerksamkeit von unseren eigenen Unzulänglichkeiten abzulenken. Egal, wie wir es sehen, es ist eine Situation, in der es nichts zu gewinnen gibt. Unabhängig davon, wie wir das Rennen bestreiten, sind wir ab dem Zeitpunkt unseres explosionsartigen Sprints von der Startlinie aus bis zum Ende des Rennens für alles persönlich verantwortlich, deshalb total erschöpft und wirklich unserer Leichtigkeit beraubt, also ‚diseased'.

Könnte ich den Vorschlag machen, dass Krankheit wie beim Autofahren ein Geschwindigkeitsstopper quer über die Straße auf dem Weg sein kann? Bestenfalls - oder schlimmstenfalls - ein Davonlaufen. Sicherlich ist sie ein Ergebnis solch eines alles konsumierenden Gedankenganges. Wenn wir dem Leben so begegnen, wie wir es alle gelernt haben, werden wir eines Tages, wenn wir auf einen Geschwindigkeitsstopper stoßen oder an seinem Ende ankommen, feststellen, dass wir alles komplett verpasst haben.

Ich erinnere mich noch an meine späte Teenagerzeit, als ich Schwesternschülerin und später praktizierende Krankenschwester war und viele Menschen sterben sah. Bereits sehr früh war es offensichtlich, dass es zwei unterschiedliche Szenarien gab und dass jedes Individuum entweder in die eine oder in die andere Kategorie fiel. Auf der einen Seite gab es die Leute, die den Prozess bekämpften und sich dagegen wehrten. Auf der anderen Seite standen diejenigen, die einfach in unterwürfiger Depression einwilligten. Dies war bei weitem die Mehrzahl. Andererseits gab es Leute, die trotzdem eine starke Gelassenheit ausstrahlten. Solch einen Ausdruck von Frieden, der nicht verleugnet werden konnte! Sie wussten ganz klar etwas, was ich nicht wusste! Ich wunderte mich über all das.

Auf meinem Weg erwähnte ich es anderen gegenüber und hoffte auf etwas Erleuchtung, erhielt jedoch keine. Eines war klar: Den meisten Menschen ging etwas ab, was einige wenige wirklich hatten.

Was ich beschrieben habe, ist die generelle, weltliche Sichtweise oder Interpretation des Lebens. Ich glaube, sie bringt einige festgelegte Konsequenzen mit sich. Eine davon ist Krankheit, Krankheit von Körper, Geist und Seele. Andere Konsequenzen mögen das Auseinanderbrechen von Familien, ein gestörtes Familienleben und gebrochene Herzen sein. Weitere Konsequenzen sind wohl Kriege, Unfälle, Armut und all die anderen Bilder von Leid, die wir uns vorstellen können. Ich glaube, dass jegliche Traurigkeit und alle Sorgen ein Ergebnis des Typus von Gedankenmustern sind, die der Weltglaube als Realität ansieht.

Da Leid so weit verbreitet ist, glaube ich, dass wir es als Teil unseres Lebens, als Lebensnotwendigkeit, akzeptiert haben. Anstatt es herauszufordern, akzeptieren wir es und finden dann Gründe, warum es existiert. Wenn Krankheit so notwendig ist, wenn es keinen Weg gibt, sie zu umgehen, warum investieren wir dann so viel Zeit, Mühe und Geld, um sie zu bekämpfen zu versuchen?

Wir bekämpfen eine Krankheit, nur damit zehn weitere auftreten.

KAPITEL NEUNZEHN

LEBEN IST GOTT – GOTT IST LEBEN

Eines Tages kam schließlich das einfache Verständnis. Es kam so sanft, dass ich dachte, ich hätte es mein ganzes Leben lang gewusst: Gott ist Leben! Gott ist das einzige Leben, das es gibt. Gott gibt uns nicht das Leben; Gott ist unser Leben. Es gibt nur ein Leben. Nicht viele, nur ein Leben. Dieses eine Leben drückt sich selbst als die ganze Schöpfung aus, einschließlich uns. Wir sind nicht das, was wir dachten, das wir seien. Alles ist ein Ausdruck Gottes, also des Lebens. Leben ist ewig. Es hat keinen Anfang und kein Ende. Deshalb sagt die Bibel, dass wir „in Ihm" waren, bevor die Welt war. „In Ihm" sein heißt, in diesem einen Leben zu sein.

Leben ist kein Ereignis, es ist eine Person, ein Ausdruck dieser Person. Leben beginnt nicht mit unserer Geburt, es hört nicht mit unserem Tod auf und es hat seinen Ursprung nicht in unserem Körper. Wir leben im Leben. Das Leben lebt nicht in uns. Es fließt durch uns hindurch, wie es das in aller Schöpfung tut.

Wir müssen das nicht überprüfen, indem wir unsere Blutwerte begutachten, uns röntgen lassen oder die Temperatur messen. Wir müssen unseren Blick vom Körper weg richten. Wir haben in die falsche Richtung geschaut. Wenn wir den Zustand unseres Lebens kennen wollen, dann müssen wir auf dieses eine, ewige, endlose Leben sehen. Leben ist nichts, was wir *erreichen* können. Das ist entscheidend. Wir müssen einfach erkennen, dass Leben Gott bedeutet - bereits vollständig, komplett, perfekt und atemberaubend schön. Und wir existieren als Ausdruck dieses Lebens, atemberaubend schön.

Wir haben uns in der Vorstellung von uns selbst elendiglich geirrt. Wir sehen uns selbst als unvollständig, mitleidig, sündig und irgendwie schmutzig. Wir haben durch einen Schleier geschaut. Und wir haben unser Leben aus dem Bruchstück einer solchen Vision gelebt. Unsere Erwartung entsprach unserem Sinn für Unwürdigkeit. Wir müssen uns selbst in die Vision eintauchen, die dieses Leben für uns hält. Wir müssen einen Sinn für Vollkommenheit, für Wert und

Ganzheit erreichen. Wenn wir uns vollkommen, gesund, stark und voll von der Herrlichkeit des Lebens *fühlen*, glauben Sie mir, dann werden wir das auch manifestieren und nur das.

Jesus sagte, dass wir, um Leben zu gewinnen, erst in der Lage sein müssen, unser Leben, ja den Sinn unseres Lebens zu verlieren. Er sagte, wir müssen unser Ego-Leben verneinen. Jeder Ausdruck von Ego-Leben muss entfernt werden und der *Sinn* oder das *Gefühl* des Lebens außerhalb unserer selbst muss umarmt werden. Der Apostel Paulus sagte: „Es bin nicht länger ich, der ich lebe." Doch es ist dieses neue Bewusstsein des Lebens, das lebt - so göttlich, so strahlend, so schön. Statt der alten, angstvollen und begrenzten Vision des Lebens in unserem Körper kommt jetzt ein Leben, das täglich unsere Herzen mit Stärke, Liebe und Lachen erfüllt. Nun wenden wir uns von den pathetischen Stützen des Alten, den Gummistützen der alten Lebensvision, ab und tauchen uns selbst in ein neues Verständnis ein.

Jetzt hören wir auf, nach einem illusionären Gott mit vielen Forderungen zu greifen, um unsere Rechtschaffenheit zu erlangen. Jetzt erhalten und umarmen wir Rechtschaffenheit *als* unser wirkliches Leben. Wir haben kein Leben anzubieten. Es gibt nur ‚ewiges, göttliches Leben', das seine eigene Rechtschaffenheit *als* uns lebt.

Wir müssen ‚es' nicht wählen. ‚Es' hat uns gewählt. Die einzige Bedingung an uns ist, dass wir willens sind, ‚es' zu erhalten. Wir erhalten ‚es' durch die Öffnung unseres Geistes und unserer Herzen gegenüber seiner Präsenz, ganz ähnlich, wie wir Luft in unsere Lungen bekommen, indem wir sie einatmen. Wir stellen niemals in Frage, dass Luft überall um uns herum ist, auch wenn wir sie nicht sehen können. Sie erzwingt ihren Weg nicht in unsere Lungen, wir nehmen sie einfach auf. Haben wir diese Luft „verdient"? Waren wir gut genug? Oder ist die einzige Bedingung die, dass wir sie aufnehmen? Wenn wir im Schatten stehen und uns kalt ist, können wir einfach dorthin gehen, wo die Sonne scheint. Die Wärme der Sonne ist immer da, wir müssen uns nur zu ihr hinbewegen. „Die Sonne geht über den Guten und den Bösen gleichsam auf. Der Regen fällt auf die Gerechten und die Ungerechten gleichermaßen." Was heißt das? Es bedeutet einfach das: Dieses Leben wird ausgeströmt – Punkt. Es wird nicht verdient. Es kann nicht verdient werden. Es sieht nur sich selbst, pur und göttlich. Und es sieht uns wie sich selbst. Deshalb sieht es in uns seinen eigenen Wert, - immer!

Nun sehen wir uns und andere entsprechend unseres erlernten Glaubens und wir agieren aus diesem Glauben heraus. Aber die Vision von Gott entspricht *seiner eigenen* Existenz. Er hat nicht unendlich viele Leben gemacht. Es gibt nur ein Leben, aber es gibt unendlich viele Ausdrücke dieses einen Lebens. Angefangen von den Bäumen, den Sternen, den Insekten, den Tieren, bis hin zu uns.

Wenn wir krank und traurig sind oder in einer anderen Weise begrenzt werden, dann leben wir einen Glaubenssatz. Wir kaufen uns ein in ein Bild auf der Leinwand unseres Geistes, das während eines ganzen Lebens durch Tausende gesprochener Worte von Angst und Ignoranz gemalt und gezeichnet wurde. Aber vor langer Zeit, bevor es die Zeit gab, wurde ein Wort vom ewigen Geist gesprochen. „Und ohne dieses Wort wurde nichts gemacht, was erschaffen wurde. Alle Dinge wurden durch dieses Wort gemacht. Und dieses Wort war das Leben und das Licht der Menschen."

Wir sind ein Resultat dieses Wortes. Nichts, nicht einmal die gewundenen Worte der Ignoranz, auch nicht die Jahrhunderte der Missverständnisse und der Verwirrung, nicht das, was fälschlicherweise geglaubt wurde, noch das, was von dem hinter dem Schleier des Nichtwissens verdunkelten Verstand gesehen wird, absolut gar nichts kann oder hat jemals dieses Wort verändert.

Es ist nicht unsere Verantwortung, die Vorstellung und das Ebenbild Gottes zu „sein". Wir haben Gott nicht gewählt. Gott hat uns gewählt. Es gibt keinen Grund zu versuchen, „etwas" zu sein. Wir müssen uns einfach nur ergeben, entspannen, unsere Anstrengungen nach oben abgeben und das „empfangen", was bereits ist.

KAPITEL ZWANZIG

VORHERRSCHENDE RELIGIÖSE GEDANKEN HERAUSFORDERN

Ich habe herausgefunden, dass die meisten Menschen, auch wenn sie es schnell abstreiten, irgendwie glauben, dass Gott für ihr Leiden verantwortlich sei. Einige glauben, sie würden von einer Höheren Macht außerhalb ihrer selbst, vor der sie sich verantworten müssten, für ihr aktuelles oder vergangenes Verhalten bestraft. Auf der einen Seite glauben sie dies, bemühen sich dann jedoch krampfhaft, jemanden zu finden, der sie aus ihrer Situation wieder herausführt, in die Gott selbst sie hineingestellt hat. Nun, wenn wir den Gedanken festhalten, dass Gott uns dieses Leid auferlegt hat, warum suchen wir dann nur nach einem Menschen, der unsere Umstände verändert?

Andere glauben, dass Gott „so etwas sicherlich nicht tun würde. Er *erlaubt* nur, dass ihnen dies zustößt." Wirklich, ich habe so scheußliche, schreckliche Krankheiten gesehen, so brutal in ihrer Erscheinungsform, dass ich nur widerwillig einem Gott dienen würde, der sich solch einen Horror ausdenken oder ihn sogar dazu benutzen würde, um damit bestimmte Endergebnisse zu erzielen. Welch ein bösartiger Geist könnte solches Leid fabrizieren? Würde ein Mensch dies einem anderen Menschen antun, würden wir ihn sofort ausfindig machen und von der Erde eliminieren. Aber wir schreiben Ihm, der die Erde und all die Schönheit darin erschaffen hat, zu, dass Er zu solch einem Horror fähig sei. Er, der jedes Haar auf deinem Kopfe zählt. „Augen haben nicht gesehen, noch haben Ohren gehört, noch ist in die Herzen der Menschen eingedrungen all das, was Gott für jene bereitet hat, die an Ihm festhalten." Für jene, die in Wahrheit und Verstehen an Ihm festhalten.

Während wir solch widersprüchliche Gedanken erkennen, behaupten wir, dass Gott Liebe ist. Er könnte seiner geliebten Schöpfung deshalb nie so etwas antun. Wie können wir uns mit solch einer Verwirrung aussöhnen?

Auf der einen Seite haben wir den Menschen, der nach dem Bilde eines vollkommenen Schöpfers erschaffen wurde. Vollkommen heißt einwandfrei. Einwandfrei beinhaltet, dass Fehler ausgeschlossen sind. Wir sind nach demselben Bilde erschaffen. Wir sind „Sein Werk, in Vollkommenheit nach dem Bilde Gottes und Gott *ähnlich* erschaffen." Dies ist unsere Natur, unser Wesen.

Uns wurde jedoch gelehrt, dass der Mensch mit der Fähigkeit geboren worden sei, sich von seinem eigenen Wesen abzuwenden und sich gegen seine eigene gottgegebene Natur und damit für seine eigene Zerstörung zu entscheiden. Gibt es irgendeine andere Kreatur, die fähig ist, sich von ihrer eigenen Natur abzuwenden und sich damit selbst zu zerstören? Wie kann man Gott so verwirrend und widersprüchlich beschreiben? Und genau das tun wir.

Entsprechend der üblichen Lehre werden wir, nachdem wir mit solch verschmutzten Gedanken erschaffen wurden, von demselben Schöpfer bestraft, der diesen Zustand für uns bestimmt hat. Dies geschehe jedoch nicht wirklich durch Ihn, sagen sie, denn „Gott ist Liebe." Vielmehr geschieht es durch eine böse Kraft, so schrecklich in ihrer Erscheinung und doch von dieser Liebe erschaffen, die uns ständig mit Zerstörung bestraft.

Warum wohl höre ich nicht auf, dieses Thema immer und immer weiter zu führen? Weshalb besitzt es für mich eine so große Wichtigkeit, dass ich diese weit verbreiteten Doktrinen herausfordere und damit meinen Kopf auf den religiösen Hackklotz lege?

Einfach deshalb: Menschen sterben. Menschen quälen sich mit Schmerzen ab, die nicht gelöst werden. Menschen leiden unter unsagbaren Schrecken. Wenn Sie nicht im medizinischen Bereich oder irgendwo im Gesundheitswesen tätig waren, können Sie sich nicht vorstellen, wovon ich spreche. Geistige Depression und Angst verbreiten sich wuchernd in der ganzen Welt. Und all dies ist so unnötig! Als menschliche Rasse akzeptieren wir das alles, da wir glauben, wir würden es irgendwie verdienen. Irgendwo haben wir „versagt". Wir glauben, wir seien verantwortlich, es besser zu machen, da uns dies von Anfang an so gesagt wurde – und wir haben „versagt“. Nun müssen wir gerechterweise unter den Konsequenzen leiden.

Wie oft habe ich das Schreien und die Verwirrung meiner Patienten gesehen und gehört? „Was habe ich getan? Was hätte ich besser machen sollen? Welches (magische) Gebet kann ich sprechen, um dieses Leid zu beenden? Wo habe ich in meiner Verantwortung, das Leben in Gerechtigkeit zu bestreiten, versagt?“ Oder: „Wenn ich es schaffe, dass immer mehr Menschen für mich beten, wird mir mein Leid vielleicht genommen? Vielleicht hört Gott, dass viele Menschen für mich beten! Möglicherweise wird Ihn dies gnädig stimmen, sodass Er seine Meinung ändert.“

Wann immer ich mir das anhören muss, fühle ich, wie sich meine Eingeweide in mir zusammenziehen. Es ist alles so unnötig. Jeder Pastor im Lande wird zugeben müssen, dass das gleiche Schicksal Menschen mit und ohne religiöse Überzeugung gleichsam „trifft“. Wir sterben wie Fliegen oder wir leben in Angst vor dem Tod. Das macht wirklich keinen großen Unterschied. Aber es gibt einen Weg heraus.

Es gibt einen Weg heraus. Doch es gibt eine Voraussetzung, um den Weg heraus zu verstehen. Jesus drückte es am besten aus, als er sagte: „Ihr könnt keinen neuen Wein in alte Fässer füllen.“ Zuerst müssen wir gewillt sein, unseren Geist von den alten Gedanken, den Widersprüchen und der Verwirrung, die wir unabsichtlich aufgenommen haben, zu reinigen. Die Definition des Wortes „bereuen“ ist ausschließlich: ‚seine Meinung ändern‘, bzw. ‚sich in eine andere Richtung drehen‘. Wenn wir nach der Wahrheit verlangen, mehr noch als nach den falschen Sicherheiten der alten Grenzsteine, müssen wir das, was wir geglaubt haben, *bereuen* und weiter auf Entdeckungsreise gehen. „Bereuet, denn das Himmlische Königreich ist für euch bereit.“ Wenn wir uns vom Alten abwenden und darauf warten, demütig das Neue zu umarmen, dann wird das Königreich von Ganzheit, Freude, Gesundheit, Erfüllung und Frieden für uns bereit sein.

Grundsätzlich ist mir klar, dass die Dinge, über die ich hier spreche, nicht den Gedanken und dem konventionellen Glauben der Massen entsprechen. Doch ist es nicht Zeit, uns demütig von unseren „verehrten“ Glaubensmustern abzuwenden, nachdem Chaos und Verwirrung die Leben und die Gesundheit der Menschen, die in der heutigen Welt leben, befallen haben? Ist es nicht Zeit, uns einem Wahren und Liebenden Schöpfer zuzuwenden, der das Licht der reinen Wahrheit und des reinen Verstehens, das den Pfad vor uns erleuchtet, aussendet, auf dass wir das Leben genießen mögen, so, wie es immer schon vorgesehen war? Was ist *Leben*?

Was wir als Leben bezeichnet haben, erwies sich für uns als Tod. Mit erschöpften Armen und schweren Herzen legen wir erleichtert und froh unsere Mühen und Missverständnisse nieder. Wir legen sie der wahren Gnade und ‚göttlichen Liebe' zu Füßen und warten auf die Erleuchtung und das Verstehen, das uns zuteil werden wird.

DEN SCHLEIER ENTFERNEN

Vor vielen Jahren stolperte ich über eine Bibelstelle im Buch Jesaja im Alten Testament: „Der Herr wird die Bedeckung zerstören, die über alle Menschen gelegt ist und den Schleier, der über alle Nationen gelegt ist.“ Und wenn dieser Schleier und diese Bedeckung entfernt sind, würde Er „den Tod zurücknehmen in Sieg.“ Der Herr, unser Gott, wird die Tränen von allen Gesichtern wischen. Dann las ich eine ähnliche Bibelstelle im Buch der Offenbarung im Neuen Testament, die ein Wegwischen der Tränen, des Kummers, des Leidens, der Krankheit und des Todes versprach. Als ich das las, nahm es meine Gedanken gefangen. Ich erkannte plötzlich, dass es einen Schleier gab, eine Bedeckung, die alle Menschen einhüllte. Sie bedeckt ihre Gesichter, ihre Visionen, ihr Verständnis und ihre Fähigkeit, zu wissen. Und wenn dieser Schleier entfernt werden würde, gäbe es kein Leiden und keine Traurigkeit mehr. Alle Tränen wären weg gewischt. Alle Krankheiten und alles Elend wären aus unserer Erfahrung verschwunden. Denken Sie an eine Welt ohne Schmerzen, Krankheit oder Tränen!

Das wird nicht nur dann stattfinden, wenn wir bewiesen haben, dass wir dies verdient hätten; nicht, wenn wir *gut* genug dafür wären; nicht, wenn die medizinische Wissenschaft eine andere Methode zur Behandlung einer weiteren Krankheit entdeckt hätte, die all die hundert Krankheiten zurück lässt, die noch geheilt werden müssen; nicht, wenn wir die Ernährungsgesetze verstanden hätten und gewillt wären, sie einzuhalten und nicht, wenn alle „schlechten Menschen" in der Welt bestraft worden wären, während die „rechten Menschen" die Wunder der Schöpfung erben durften. Dieses Versprechen würde nur stattfinden, wenn der Schleier entfernt werden würde. Also ist der Schleier das Problem nicht die Krankheit, nicht wir, nicht Gott, nicht unsere Erbmasse und nicht unser Cholesterin. Das Problem ist, dass wir durch die Präsenz des Schleiers, der alles, was wahr und real ist, verdeckt, erblindet sind. Der Schleier, also die Bedeckung, ist das Problem. Entferne den Schleier und das Problem ist verschwunden. Herein kommt das Licht der Wahrheit; hinaus geht die Dunkelheit, die typisch für Chaos und Verwirrung ist.

In diesem Moment wandte ich mich davon ab, irgendeine andere Ursache für Krankheiten zu sehen. Ich hörte auf zu sehen, dass Leid eine andere Ursache haben könnte und ich begann zu erkennen, dass menschliches Elend keine andere Ursache außer dem Fehlen von Licht, das mit der Abwesenheit von Verständnis einhergeht, haben könnte. Irgendwie war das, woran wir bisher unsere Wahrheit von Gott und vom Leben, also unsere Wahrheit von unserer Beziehung zum Leben und folglich auch von unserer Beziehung zu Gott, festgemacht hatten, eine verbogene, verdrehte Vision, die nur dadurch entstanden war, weil wir immer nur durch einen Schleier vor unseren Augen spähen konnten.

Unsere Vision ist hier in Frage gestellt, nicht unsere Körper. Was mit unseren Körpern passiere, ist das Resultat von dem, was wir *sahen*. Und was wir sahen war das, was wir für die Wahrheit gehalten hatten. Was wir für wahr hielten, war das, was wir erwarteten. Was wir erwarteten, war das, was wir bekamen. Die Vorstellung wurde Realität.

Während ich dann über diese Gedanken grübelte, was scheinbar Monate dauerte, fand ich eine Bibelstelle, die erklärte, dass der Schleier schon in *Christus* entfernt wurde. Er ist schon entfernt! Jetzt gab es absolut keinen Grund mehr für eine Weiterführung von Leiden und von Krankheit. Also, was war dieser Schleier? Was heißt dann „in Christus“? Viele Menschen sagen, dass sie „in Christus“ sind und sie leiden und sterben weiterhin an denselben Krankheiten, von denen auch andere um sie herum betroffen sind. Was heißt das wirklich?

Ich möchte Ihnen eine Geschichte erzählen, die meine Fragen zu beantworten begann. Dies war die Erfahrung, die meine gesamte bisherige Ansicht über das Leben, über Gott und über meine Verantwortung für das alles auf die Probe stellte. Es kostete mich Jahre und Jahre, um über dieses Ereignis hinweg zu kommen. Es ist unnötig zu sagen, dass sich alles, woran ich glaubte, durch diese Geschichte verändert hatte, als ich endlich darüber hinweg gekommen war. Zuvor dachte ich, ich wüsste über das Leben, ja über Gott bescheid. Nun wusste ich, dass alles Leben Gott ist.

1982 traf ich ein wundervolles, junges Mädchen, das Brustkrebs hatte. Ihr Name war Margaret. Sie, ihr Ehemann und ihre drei Kinder zogen von Alaska zu mir ins Haus und lebten dort zwei Jahre, während sie am Programm der Klinik teilnahm. Ihre Situation, ihre körperliche Pflege, die Pflege ihrer kleinen Kinder, alles nahm einen großen Teil unserer Aufmerksamkeit in Anspruch und verschlang buchstäblich unser Leben. Sie betete ununterbrochen. Ich gab emotional all meine Hoffnung in ihre Genesung. Das war noch ziemlich am Anfang, in der Zeit, als ich mit so vielen Fragen über das Leben, über Gott und darüber, was es mit alledem auf sich hatte, kämpfte. Ich betete jedes Gebet, las jede Bibelstelle und glaubte jedes Wort. Obwohl ich mich schon seit langem von der Vorstellung entfernt hatte, dass die Welt und das Leben wie ein Rennen zu sehen seien und jegliches Interesse an dem, was diese törichten Lebensanschauungen von uns einzufordern schienen, verloren hatte, rannte ich jedoch immer noch mein eigenes Rennen. Es war ein spirituelles Rennen - wer weiß wohin. Ich denke, ich glaubte damals, wenn ich nur genug betete, genug las, genug glaubte und mir über meine Patienten genug Sorgen machte, dann würde ich Gott gefallen und würde sie dann heilen. Was für eine furchtbare Vision von einem furchtbaren Gott.

Aber ungeachtet meiner Anstrengungen, ging es der Frau nicht besser. Ich konnte meine Stützen fühlen, wacklig wie sie waren, die unter mir weg fielen. Ich konnte schlicht nicht mehr geben oder tun. All mein Glauben, all meine Anstrengungen waren nutzlos. Es war die einzige, überaus schmerzhafte spirituelle Erfahrung, die ich je hatte. Alles, was mir über Gott gesagt worden war, wurde herausgefordert. Alles zerbrach und ich fiel frei durch die Luft, ohne dass mich etwas gehalten hätte. Ich wollte so dringend verstehen, aber wusste nicht was?

Ein paar Wochen bevor sie starb, hatte ich einen sehr expliziten und detaillierten Traum, einen Traum, den du nie vergisst: Ich war einer von mehreren hundert mit weißen Anzügen bekleideten Menschen, die alle ein schwieriges, hartes und schnelles Rennen liefen. Ich war so stolz auf mich, weil ich unter denen war, die vorne an der Spitze rannten. Ich wusste, ich würde vor den meisten über die Ziellinie kommen. Plötzlich gab es direkt vor mir einige Aufregung. Zuerst konnte ich nicht genau sagen, was dort vor sich ging, aber bald wurde offensichtlich, dass jemand zusammen gebrochen war und auf dem Weg lag. Alle stolperten und sprangen über diese Frau. Niemand wollte seinen Vorsprung aufgeben und nach hinten fallen. Ich wollte auch über sie hinweg springen, aber ich konnte es nicht. Ich wusste, ich konnte sie nicht dort liegen lassen, wo sie sicherlich bald zertrampelt werden würde. Also blieb ich stehen und schleppte sie weg von der Straße in ein langes, dichtes Gestrüpp. Sie war bewusstlos. Ich legte ihren Kopf auf meinen Schoß und beobachtete die anderen vorbeiziehenden Läufer. Mein Herz war traurig, als ich zur Kenntnis nahm, dass ich nicht länger im Rennen war. Jetzt konnte ich nicht mehr gewinnen. All meine Anstrengungen waren umsonst gewesen. Gleichzeitig war ich entsetzt, dass ich solche egoistischen Gedanken hegte. Endlich kam die Nacht und der letzte Läufer rannte an uns vorbei. Während ich so dasaß und mir die Sterne anschaute, verwandelte sie sich plötzlich in einen Mann. Er sagte mit der mildesten, zartesten Stimme zu mir: „Mach dir keine Gedanken, Michele. Du hast das Rennen nicht verloren. Begreife das. Das Rennen gehört nicht dem Schnellsten und der Kampf nicht dem Stärksten. Der Sieg gehört denen, die Gnade zeigen. Für sie ist das Rennen bereits gewonnen. Es war nicht Margaret, um die du dich gekümmert hast, es war dein Ich."

Ich brauchte lange Zeit, um alles, was mir dieser Traum sagen wollte, zu begreifen. Es sollte erst nach vielen Jahren und nach vielen weiteren Erfahrungen dazu kommen, dass ich in der Lage war, alles zu erfassen, was der Traum beinhaltete.

Nach und nach begann ich den langen Prozess des Loslassens von einem falschen Sinn für Verantwortung. Ich hörte damit auf, mich auf die Krankheiten zu konzentrieren, so als ob sie das eigentliche Problem seien. Ich verstand, dass hinter dem Schleier der Sterblichkeit „der Christus" war, in jeder Person, die ich traf, in jedem Patienten, den ich sah. Ich verstand, dass es kein Rennen zu laufen gab und dass durch menschliche Anstrengungen nichts, aber auch gar nichts zu gewinnen war. Wenn ich tief genug hinter die menschlichen Lebensumstände und die sich mir präsentierende Situation schaute, dann würde ich die *Vollkommenheit und Ganzheit* sehen, die bereits vorhanden war und von der ich gedacht hatte, sie durch sehr harte Arbeit kreieren zu müssen. Vor allem aber lernte ich, was wirklich von uns gefordert wird, wenn wir uns mit und zwischen den Menschen bewegen, denen wir begegnen. Und das ist natürlich, Gnade zu zeigen. Gnade ist Freundlichkeit, Empfindsamkeit und Milde, sogar für die, „die es nicht verdient haben". Gnade enthält allgemein einen Grad von Aufopferung. Aber über alledem heißt Gnade, sich zu entscheiden, durch die Vorstellungen, welche die Menschen über sich selbst haben, hindurch zu sehen - sei es Krankheit oder jegliche menschliche Hässlichkeit - und den ‚Christus' in ihnen selbst zu sehen.

Christus ist die Bezeichnung für „den sichtbaren Ausdruck des unsichtbaren Gottes". So verhält sich Gott, die ‚göttliche Liebe' und das Leben tatsächlich uns allen gegenüber. Er sieht hinter unsere manchmal armen und Mitleid erregenden Vorstellungen von uns selbst und sieht seine eigene Natur, sein eigenes Göttliches, sein unveränderbares Selbst in uns.

Es war eine lange und schwierige Aufgabe, mich von dem lösen zu können, was mir zu glauben beigebracht worden war und, frei von der alten Vision, in der Lage zu sein, die neue Wahrheit zu fassen. Ich denke, ich wollte mehr verstehen, als ich aufnehmen konnte. Gleichzeitig schien ich gegen das Kommen der neuen Vision anzukämpfen. Ich wusste, ich wollte keine weitere Zeit mehr verschwenden, in der Wüste trockener Doktrinen herumzulaufen, um nur die Knochen von denen zu finden, die diesen Weg schon vor mir gegangen waren.

Aber an welchem Ort sollte ich für ein reines Verständnis hingehen? Offensichtlich wusste ich, dass ich nirgendwohin gehen musste. Ich musste nur daran glauben, dass Gott mich bis hierhin geführt hatte. Niemand mit einem gesunden Menschenverstand würde so viel Zeit und Anstrengung für das aufbringen, was wie eine unmögliche Reise aussah, außer wenn ihn Gott führte.

Also ging ich jeden Morgen zwei Stunden spazieren und erfreute mich an den Wundern des Lebens, so wie sie mir erschienen. Ich betete und wartete, dass der Schleier gelüftet würde und die Wahrheit sich selbst enthüllte. Tatsächlich passierte mir eines Tages etwas Ungewöhnliches. Es war eine einfache, aber liebenswerte Ermunterung von Gott auf meinem Weg.

Ich hatte einen unsichtbaren Radiergummi und ich radierte damit täglich alles aus meinem Gehirn, was sich dort angesammelt hatte. Dann gab ich die Kreide an ‚den Geist der Wahrheit' und sagte ihm, er solle das wahre Verständnis, das wahre Bild auf die Leinwand meines Geistes schreiben. Dieses kleine Ritual machte ich täglich über Jahre hinweg. An jenem Tag war ich sehr frustriert. Ich betete: „Ich wünschte, ich könnte nur einen Tag mit dem weisesten Mann, der jemals gelebt hat, verbringen, auf dass alle meine Fragen letztendlich beantwortet würden.“ Sogar während ich das so sagte, lachte ich über mich selbst. Ich wusste, dass ich bereits jeden Tag mit dem weisesten Mann, der jemals gelebt hat, verbrachte, dass Er mich lehrte und dies auch in alle Ewigkeit tun würde.

Als mir diese Gedanken so durch den Kopf gingen, hörte ich plötzlich ein Rascheln in den Bäumen und den Blättern neben der Landstraße, auf der ich gerade entlang wanderte. Ich schaute hinüber und sah eine Hirschkuh auf die Straße und zu mir herüber kommen. Zu meinem Erstaunen begann sie, neben mir her zu laufen. Es erübrigt sich wohl zu sagen, dass Hirsche eigentlich nicht zu den Menschen kommen und mit ihnen spazieren gehen, oder? Zuerst traute ich mich nicht zu atmen. Ich hatte Angst, meine Schritte auf irgendeine Art zu unterbrechen und sie damit zu erschrecken. Wir wanderten ungefähr eine Meile nebeneinander her und ich beschloss, etwas zu versuchen. Ich ging bewusst auf die andere Seite der Straße, um zu sehen, was sie tun würde. Sie wechselte direkt hinter mir die Straßenseite und begann auf der anderen Seite neben mir her zu laufen. Da gab es noch einen Test, den ich unbedingt machen wollte. Ich wusste, dass ich nach ungefähr hundert Yard nach links auf meine Straße gehen musste. Ich dachte: „Wenn sie mit mir in diese Straße einbiegt, dann weiß ich, dass ich gerade mit dem weisesten Mann, der jemals gelebt hat, spazieren gehe und der sich entschlossen hat, sich mir in dieser sanften Hirschkuh zu zeigen.“ Und sie tat es. Nicht nur das. Sie folgte mir direkt bis zum Haus und stand in der Auffahrt, während ich hinein ging, um mich für die Arbeit fertig zu machen. Als ich heraus kam, war sie weg. Es war ein klein bisschen wie: „Ich weiß, dies dauert eine lange Zeit, aber ich bin immer noch bei dir. Halte durch!“

KAPITEL EINUNDZWANZIG

DAS WUNDER DES LEBENS IN ‚GÖTTLICHER ORDNUNG' HALTEN

Meiner Meinung nach gibt es zwei Haupteigenschaften Gottes, die Ihn wirklich definieren. Sie beschreiben sein Leben und somit unser Leben, sowie das Leben und die Substanz der gesamten Schöpfung. Ich glaube, dass das Wunder des Lebens einerseits und all die Lebensprobleme andererseits in das Verständnis dieser zwei Charakteristika Gottes eingehüllt sind.

Die erste Eigenschaft haben wir als ‚göttliche Liebe' besprochen. Noch einmal: Dies sind die Gnade und das Urteil Gottes, wobei Er hinter den Schleier des tödlichen Denkens und Argumentierens in die Schönheit und Vollkommenheit sieht, die unser wahres Wesen ausmacht.

Die zweite Eigenschaft Gottes ist die ‚göttliche Ordnung', die uns dazu befähigt, die Wunder des Lebens frei des Elends von Schmerz und Krankheit – sogar frei von der Erfahrung von Unfällen und Missgeschicken – zu genießen. Diese Eigenschaft des Lebens hält die gesamte Schöpfung intakt.

Die grundlegende, ursprüngliche Philosophie der Klinik basierte auf dem Verständnis der unveränderlichen Ordnung Gottes. Als ich sie *sah* und wirklich begann, sie zu *fühlen*, konnte ich den Ursprung des gegensätzlichen oder gegenteiligen Konzeptes, Krankheit genannt, besser verstehen. Dieses Verstehen hob mich aus der Ebene des Heilens, das sich auf der Ebene von „Volltreffer oder Versagen" abspielt, zu einem absoluten Spirituellen Gesetz empor. Das bedeutet, jedem empfänglichen Herzen, unabhängig von dem Umstand, der geheilt werden muss, wird dieses Gesetz einfach dadurch zur Verfügung stehen, dass es von der Person angenommen wird. Es ist nicht mehr nötig, durch wiederholte Gebete und dringliches Bitten „den Himmel zu stürmen" und, wie so oft, trotzdem mit unbeantworteten Gebeten zurückgelassen zu werden. Wir müssen uns keine Gedanken mehr darüber machen, ob wir das „richtige“ Gebet gesprochen oder ob wir uns selbst *würdig* genug gemacht haben. Wir brauchen unser Versagen, Heilung zu erlangen, nicht mehr zu rationalisieren, indem wir den absurden Gedanken akzeptieren, unsere Heilung sei nicht der Wille Gottes.

Lassen Sie uns hier eine Pause machen und diesen Aspekt der Natur Gottes untersuchen. ‚Göttliches Leben' definiert sich selbst als Unveränderliche Ordnung. „*Ich bin* der Herr, dein Gott. Ich verändere mich nicht.“ Unveränderlichkeit bezieht sich auf die Qualität der Göttlichkeit, die unveränderlich, beständig und absolut ist. Wenn wir damit übereinstimmen können, dass das, was alle Dinge erschaffen hat, in Wirklichkeit unveränderlich ist, dann ist der Zustand, in dem wir erschaffen wurden, ebenfalls unveränderlich in seiner Natur. Dieses spirituelle Gesetz reicht weiter als alle physischen Ursachen. Ebenfalls können wir zustimmen, dass dieses göttliche Wesen allgegenwärtig ist. ‚Es' füllt alle Räume mit seiner Natur aus und sein Einfluss in dieses ‚Es' ist auch omnipotent. Wenn wir Omnipotenz als all-mächtig bezeichnen, müssen wir daraus schließen, dass „alles in allem sein“ bedeutet, dass es nichts außerhalb von diesem Zustand geben kann.

Nun haben wir einen Gott, der allen Raum mit seiner Präsenz und seiner Macht, der unveränderlichen Absolutheit seines Wesens, seiner Gedanken und seinem Geist füllt. Nun können wir auf diese Welt sehen und wählen, die Schönheit und Ordnung zu sehen und die beständige Präsenz zu fühlen, die unsere Herzen mit solch einem Staunen erfüllt. Alles, was wir ansehen, können wir nun durch die Augen dieses Verstehens und dieser Erwartung sehen. Wirklich, „Die Erde ist des Herrn und die Fülle darauf“. Bevor ich dieses Verständnis von Gott, der ‚göttliche Ordnung' ist, hatte, konnte ich nur Verwirrung und Chaos sehen. Anstatt das Leben um mich herum zu erblicken, konnte ich nur den Tod sehen. Statt der Güte sah ich nur Traurigkeit und Schmerz.

Über viele Jahre hinweg blieb ich darauf fokussiert, überall Schönheit zu erblicken. Ich bestand darauf, unabhängig davon, was der

Beweis des Gegenteils auch ausdrücken mochte. Dies wurde für mich zu einer prinzipiellen Angelegenheit. Wenn Gott sich selbst als das bezeichnet, das allen Raum mit Präsenz, Güte und Macht ausfüllt, dann war es so. Es ging mehr darum, Gott zu ehren, als ein menschliches Bild korrigieren zu wollen.

Durch diese *Lösung* und mit viel konzentrierter Übung lernte ich, die Präsenz der Allgegenwärtigkeit genau da zu *sehen* und *zu fühlen*, wo Krankheit, Verwirrung und Unordnung ihr Existenzrecht einforderten. Zu meinem größten Erstaunen begann nur durch diese Anerkennung alles, was nicht zu funktionieren schien, schnell den Anschein ‚göttlicher Ordnung' anzunehmen.

Ich betrachtete alles so, als sei es in einer unveränderlichen Ordnung. Auch dachte ich darüber nach, wie die gesamte Schöpfung uns von ihrer Vollkommenheit und Ordnung erzählt. Die Jahreszeiten kommen und gehen, darauf können wir uns verlassen. Tage und Nächte kommen und gehen, darauf können wir zählen. Dieselben Konstellationen, die jeden Monat am Himmel erscheinen, gab es bereits, bevor die Erde geformt wurde. Auch hierauf können wir uns verlassen, ohne Angst zu haben, dass sich dies verändern wird. Jedes Jahr kommen dieselben Vögel zum gleichen Zeitpunkt an mein Vogelhäuschen. Sie nisten zweimal auf dieselbe Art und Weise und verlassen uns zum gleichen Datum eines jeden Jahres. Wir können ein Heft des Magazins *‚National Geographic'* nehmen und es wird mit Berichten über alle Aspekte der Natur, der Ordnung und Vorhersehbarkeit einer jeden erdenklichen Art von Pflanze oder Tier, von Stern oder Planet gefüllt sein. Wenn wir die Lebensphasen studieren, dann gibt es keine einzige, die nicht als eine Offenbarung ‚göttlicher Ordnung' in Erscheinung treten wird. Man kann keinen Karriereweg wählen, auf dem es keine ‚göttliche Ordnung' gibt.

Ohne diese Ordnung würde die gesamte Existenz, so wie wir sie kennen, kollabieren. Wir sind von dieser Ordnung abhängig und wir vertrauen ihr größtenteils, ohne über sie nachzudenken. Wir nehmen sogar zur Kenntnis, dass etwas, das außerhalb des Normalen erscheint, wie etwa ein Schwarm Raupen, nur deshalb in Erscheinung tritt, damit ein anderer Aspekt der Natur wieder ins Gleichgewicht gebracht werden kann. Der weise Landwirt greift nicht in dieses Gesetz ein. Alles Gleichgewicht, alle Harmonie ist ein Ergebnis dieser ‚göttlichen Ordnung' und unterliegt ihrer Kontrolle. Die Natur balanciert alle Dinge und hält ihre eigne innere Ordnung intakt. Die Substanz der gesamten Natur ist ‚göttliches Leben' und bestimmt deshalb die Selbsterhaltung. Unendliche Weisheit und Intelligenz offenbart sich in Wirklichkeit selbst *als* Schöpfung. Auf diesem Verständnis beruht unsere Hoffnung, denn wir sind ebenfalls in diesem gesamten Szenario inbegriffen. Die wahre Substanz unseres Wesens ist nicht Fleisch und Blut, sondern ‚göttliches Leben' und ‚göttliche Intelligenz'. Dies sollte nicht mit menschlicher Weisheit verwechselt werden, die mit der ewigen Weisheit der Unendlichkeit nicht zu vergleichen ist.

Es ist wichtig, dass wir uns klar machen, dass dasselbe Leben, das jedes unendliche Detail der Schöpfung ausfüllt, ebenso uns ausfüllt. Auch ist es wichtig, dass wir erkennen, dass dasselbe Leben, das jedes unendliche Detail der Schöpfung animiert, auch uns animiert. Genauso wichtig ist es, zur Kenntnis zu nehmen, dass das Leben allein unsere Substanz ist. Es manifestiert Gottes Präsenz als Ordnung, Gleichgewicht und Harmonie in unserem Körper und in unserem Geist. Es ist die Intelligenz einer jeden Zelle in unserem Wesen. Aus dieser Sicht sind wir ein ewiges Wesen. Wir existierten, bevor wir in diese Form gekommen sind und wir werden weiterhin als Leben existieren, nachdem wir diese Form nicht mehr benötigen.

Doch während wir hier sind, drückt sich das Leben selbst durch uns aus. Das Leben drückt Gottes Harmonie in dem *gut geordneten Wesen* des menschlichen Körpers aus. Seine Ordnung drückt das Leben in den komplizierten Einzelheiten der von einander abhängigen Funktionen und Strukturen des menschlichen Körpers aus. Sein Gleichgewicht drückt das Leben in den Enzymen, Hormonen, der Perfektion des gesamten zellulären Systems, der Assimilation und im Stoffwechsel aus. Wir können nicht anfangen, all die immensen und unendlichen Details der Funktionen unseres Körpers zu verstehen, auch nicht, wenn wir sie unser ganzes Leben lang studieren würden.

Wir müssen lernen, das Leben in unserem Körper zu *sehen.* Wir müssen sein Fliessen durch uns *sehen.* Wir müssen das Leben als die einzige *Ursache* unserer Existenz *sehen*, als die Quelle und den Ursprung unseres Wesens. Da wir dem Leben vertrauen, dass es seinen Kreaturen Nahrung beschert, dass es die Jahreszeiten bis zur Reifung der Früchte vergehen lässt, dass es uns das Tageslicht und die Nacht bringt, lässt uns die Gesellschaft lernen, dem Leben, demselben Leben, zu vertrauen, dass es die Ordnung im menschlichen Körper und Geist, sowie in allen Angelegenheiten, aufrecht erhält.

Können wir diesen Wahnsinn und diese Hysterie nicht endlich beenden und von unserem menschlichen Bemühen, Erklärungen für alles zu finden, einen Schritt zur Seite machen, um dieses Leben einfach fließen *zu lassen*, auf dass es das unveränderliche, perfekte Funktionieren seiner eigenen Natur beweist? Würde die ganze Sache ohne all unsere krampfhaften Bemühungen, einen Schritt vor dem Grab stehen zu bleiben, kollabieren?

Haben Sie jemals gesehen, wie Zement auf den Boden aufgetragen wurde und wie bald ein Grashalm oder sogar ein Baum aus dem Zement hervorsprang? Das ist das Leben, das auf sein eigenes, unveränderliches, nicht zu verleugnendes und nicht zu unterbrechendes Recht zu fließen besteht und sich dadurch selbst ausdrückt. Leben ist nicht zu verleugnen. Braucht es all unsere verzweifelten menschlichen Bemühungen? Oder sind unsere Bemühungen nur ein weiteres Hindernis, welches das Leben überwinden muss?

Können Unfälle von der ‚göttlichen Ordnung' unterstützt werden?

Was Unfälle und andere ähnliche Katastrophen betrifft, müssen wir dasselbe Verstehen anwenden wie bei der Gesundheit unserer Körper. Wenn wir das Wissen über diese ‚göttliche Ordnung' als Substanz der gesamten Schöpfung, die alle Dinge intakt hält, bewusst zur Kenntnis genommen haben und wenn wir wählen, den Beweis dafür, überall, wohin wir auch blicken, auch zu sehen, dann würde dieses Wissen nicht nur die Haltung des ‚verwundbaren Opfers' bezüglich Krankheiten, sondern auch dieselbe Haltung in Bezug auf Unfälle und Naturkatastrophen ausschließen, da diese Haltung nicht im geringsten natürlich ist. Genauso wie wir mit unseren Körpern durch positive und lebensbejahende Gedanken in das intuitive Wissen der Ganzheit der Schöpfung *aufsteigen* und dadurch der Anfälligkeit für Krankheit entfliehen können, ist es uns möglich, auch mit dem Verstand zu dem Ort aufzusteigen, wo wir erkennen, dass die ‚göttliche Ordnung' ihre Schöpfung „in ihrer Hand hält". Wenn wir auf der Wirklichkeit dieser Binsenwahrheit bestehen, werden die Angst und die Erwartung von Unfällen und Katastrophen aufhören, für uns zu existieren. Wenn wir einem Teil gegenüber das Opfer spielen, spielen wir das Opfer für die Gesamtheit.

Unsere Familie machte vor einigen Jahren die Erfahrung eines klassischen Beispiels dieses Prinzips. Wieder betraf es meine Tochter Lara. Vom Zeitpunkt ihrer Heilung an und während all der Jahre ihres Wachstums neckten wir sie, indem wir sie einen Unglücksraben nannten. Sie hatte mehr Missgeschicke als alle anderen Kinder, die ich kannte. Einmal fiel sie von einem Baum und ich dachte wirklich, dies sei ihr Ende gewesen. Ein anderes Mal fuhr sie mit ihrem Fahrrad direkt vor ein sich näherndes Auto, obwohl ihr gesagt worden war, dass sie auf dieser bestimmten Straße nicht fahren dürfe. Obwohl sie von ihrem Rad fiel, war es schlimmer „verletzt" als sie. Ein anderer Vorfall ereignete sich, als sie in einen flachen Pool tauchte. Es war notwendig, ihr Kinn mit sechs Stichen zu nähen. Der schwerste Unfall jedoch ereignete sich natürlich, als ich verreist war. Zu ihrem sechsten Geburtstag hatte ich ihr ein neues Fahrrad gekauft. Dummerweise hatte ich es für sie eine Nummer zu groß gekauft, da ich gedacht hatte, dass sie hineinwachsen würde und es mehrere Jahre lang fahren könnte. Eines Tages, während sie versuchte, mit den älteren Kindern mitzuhalten, raste sie einen steilen Berg hinunter, doch konnte sie die Bremsen nicht erreichen, um das Rad zum Stehen zu bringen. Sie flog über die Lenkstange und rutschte den Rest des Berges auf ihrem Gesicht hinunter. Sie verlor die Hälfte ihres Gesichtes und vier Zähne. Davon waren zwei schon keine Milchzähne mehr gewesen. Zwei Tage lang war sie bewusstlos und es dauerte Jahre, sie wieder zusammenzustückeln. Wir nannten sie einen Unfall, der nach einem Platz sucht, wo er geschehen kann. Das hielten wir für niedlich, doch bemerkten wir nicht, welches Gedankenmuster wir in ihr kleines Herz und in ihre Erwartung einprogrammierten. Wir bemerkten es nicht, bis sie mit sechzehn Jahren eine Fahranfängerin war, die innerhalb eines Jahres in vier Unfälle verwickelt war. Sie war keine unvorsichtige Autofahrerin; sie war nur eine ängstliche Fahrerin. Ihre Ängste überwältigten sie jedes Mal. Ich wusste, dass wir diesem Problem auf spiritueller Ebene begegnen mussten. Dies war kein disziplinarisches Problem.

Gemeinsam gingen wir in unserem Geiste zu jedem ihrer Unfälle zurück, an den wir uns erinnern konnten. Wir korrigierten unsere Worte und Gedanken und bestanden auf der Wirklichkeit der ‚göttlichen Ordnung' als der unveränderlichen Präsenz und Substanz eines jeden Vorfalls, auch wenn wir uns dessen zum Zeitpunkt des Unfalls nicht bewusst gewesen waren und obwohl der *Beweis* deutlich das Gegenteil ausdrückte. Genau dort, wo die Unfälle die vollkommene Abwesenheit jeglicher ewiger Ordnung *demonstrierten*, wussten wir, dass hinter dem Schleier dieses menschlichen Bildes die unveränderliche Wahrheit der absoluten ‚göttlichen Ordnung' stand. Wir arbeiteten mehrere Wochen daran, bis Lara sich sicher war, dass sie ihr Unfallbewusstsein durch ein Bewusstsein von Ordnung und Schutz ersetzt hatte. Nie wieder fuhr sie ängstlich. Sie sagte sogar, dass sie diese Angst nie wieder gefühlt habe. Und selbstverständlich waren Unfälle eine Sache der Vergangenheit.

VOM OPFER-SEIN ZUM BETRACHTER-SEIN

Das Gute kommt eher durch das zu uns, was wir *sehen,* als durch das, was wir tun und mehr durch das, was wir tief in uns *wissen,* als durch das, was wir sagen. Während es nötig sein kann, in Bezug auf eine Missordnung menschliche Schritte unternehmen zu müssen, kommt die Heilung und Erfüllung jedoch nur durch die Änderung der Vision. Ohne diese Änderung der Vorstellung ist die Erleichterung nur vorübergehend. Aber wie findet dieser Wechsel statt? Was ist unsere Verantwortung in diesem Prozess?

Wie können wir unseren Geist nach so vielen Jahren, in denen wir eine bestimmte Geisteshaltung bewahrt haben, dazu bringen, etwas anderes zu sehen? Zwingen wir uns dazu? Täuschen wir sie vor? Üben wir extremen Willen auf unsere Gedanken aus? Wenn zum Beispiel Menschen ihr ganzes Leben damit verbracht haben, sich ungeliebt, wertlos und sinnlos, nicht gebraucht, unnütz, ungesund, an Armut gebunden, oder ähnlich, zu fühlen – sollten wir dann sagen: „Denke diesen Gedanken nicht und damit geht alles weg!" Wie kommen wir von hier nach dort?

Die Antwort ist einfach: Wir übergeben es. Wir legen unsere Anstrengungen und unsere Bemühungen ab und übergeben sie dem Geist Gottes, der dann in unserem Geist die Fehler im Denken korrigieren wird. Wenn wir Gesundheit brauchen, dann müssen wir damit aufhören zu glauben, dass wir Gesundheit *erreichen* müssen. Stattdessen sollten wir uns dem Gedanken hingeben, dass der Geist Gottes uns *immer* in einem Zustand von Gesundheit und Ganzheit erhält. Wenn sich durch Andacht und Meditation über die reale Situation das *Gefühl* der Wahrheit in unseren Herzen einstellt, dann wird sich an diesem Punkt entweder die Situation spontan ändern oder es werden Wege geöffnet, die wir uns vorher nicht vorzustellen wagten. Wenn wir Führung brauchen, egal, ob es die Karriere, einen Umzug, einen Partner oder die Art, eine bestimmte Situation oder Person zu behandeln, betrifft – dann müssen wir aufhören, nach der rechten menschlichen Lösung zu suchen. Wir müssen aufhören, auf den Rat anderer zu hören und es stattdessen an den allwissenden Geist Gottes appellieren. Wir werden dann bald den richtigen Weg erkennen. Die Weisheit Gottes wird uns führen. Es gibt weder Zweifel noch Zögern.

Wenn wir das tun, geben wir uns damit nicht den Umständen hin. Wir geben uns nicht der Krankheit hin. Wir lernen, *durch* diese Dinge in das Herz der ‚göttlichen Liebe' zu schauen. Zuerst (und manchmal auch für lange Zeit) mag es nötig sein, innezuhalten und unseren Geist zu beruhigen. Sodann können wir um die Gnade bitten, die uns hilft, die Gedanken zu verstehen, die bezüglich jeder gegebenen Situation im Geiste Gottes liegen. Es mag sein, dass wir darauf bestehen und ernsthaft bei dieser Bitte bleiben müssen, speziell wenn Angst oder Unruhe unseren Geist beherrschen. Aber bald wird sich die perfekte Vorstellung zeigen, manchmal in einem Bild, oft jedoch als Gefühl. Sie kann nicht missverstanden werden und es entgeht uns nicht, wenn sie geschieht. Wenn wir das täglich üben, wird es immer einfacher, bis es schließlich nur noch nötig sein wird, kurz inne zu halten. Das reine Bild wird uns dann ohne ein Wort oder ein Gebet bewusst werden.

Wir dürfen nicht aufhören, uns mit den tagtäglichen Situationen, so wie sie kommen, auseinanderzusetzen und sollten uns nicht mit ihnen in der Hoffnung abfinden, dass sie irgendwie vorbei gehen. Indem wir die Wahrheit in Bezug auf ‚die Affen' anwenden, versetzen wir uns in die Lage, unseren Kopf oben zu halten und weiter zu wandern, ohne Angst vor dem Auftreten ‚der Drachen'.

Das allererste Mal, als diese Art von Denkprozess in mir auftrat, war, als meine Töchter noch klein waren. Wie ich schon vorher erwähnte, war meine Tochter Linda ziemlich anfällig für Fieber und einer dieser Vorfälle brachte mich dazu, eine viel weisere und erwachsenere Frau, als ich es war, anzurufen und um Hilfe zu bitten. Meine Bitte war, dass sie mich zum Arzt begleiten solle, aber ihre Antwort darauf war etwas, was ich mir nie hätte vorstellen können. Sie sagte, sie würde sofort kommen und mich abholen, wenn ich etwas für sie tun würde, während sie unterwegs war. Sie sagte mir, ich solle mich neben Linda knien (die auf einem Bohnensack auf dem Boden lag, puderrot und heiß vor Fieber), meine Hände auf ihren Kopf legen und still und leise dem Fieber sagen, dass es weg gehen soll. Still und leise war hier sicherlich der Schlüssel. Wenn ich in dem ängstlichen und aufgeregten Zustand, in dem ich war, als ich sie um Hilfe gerufen hatte, geblieben wäre, hätte ich das bestimmt nicht tun können.

So lange, wie ich der *Erscheinung* so viel Macht durch meine ängstliche Reaktion gab, würde das Problem bestehen bleiben. Ich *spielte das Opfer* in dieser Situation und hatte keine Ahnung von der Macht, die mir zur Verfügung stand, die Situation zu korrigieren. Zuerst dachte ich, dass sie mich auf den Arm nehmen wollte, aber als ich begriff, dass sie es ernst gemeint hatte, sagte ich, dass ich es probieren würde, solange sie unterwegs zu uns war, um uns abzuholen und zur *richtigen* Hilfe zu bringen, sollte mein Versuch nicht funktionieren. Als sie das Telefon aufgelegt hatte, tat ich exakt das, worum sie mich gebeten hatte. Ich fand, wenn ich ein oder zwei Lieder sang, dann würden wir beide uns beruhigen. Schon nach einigen Minuten, nachdem ich zu singen aufgehört und dem Fieber gesagt hatte, dass es verschwinden solle, war es tatsächlich weg. Normalerweise beginnt der Patient reichlich zu schwitzen, wenn das Fieber geht, aber das tat sie nicht. Es war einfach nicht mehr da. Als meine Freundin ankam, war alles still und unter Kontrolle. Zu sagen, dass ich erstaunt war, wäre eine Untertreibung gewesen.

Von diesem ersten und offensichtlichen Beweis ausgehend, dass Leiden, die sich auf physischer Ebene manifestiert hatten, nicht notwendigerweise auf diesem Niveau behandelt werden mussten und dass wir in solch einer Situation nicht in einem hilflosen Zustand gefangen sind, entschloss ich mich, diesem Verständnis weiter nachzuspüren. Jede Schwierigkeit ist eine Möglichkeit, tiefer in unser Herz zu tauchen und die Weisheit zu finden, die dort immer präsent ist. Wenn wir einmal dieses Wissen erworben haben und seinem Pfad folgen, dann hat es die Möglichkeit, uns seine Daseinsberechtigung zu zeigen, indem es die Situation heilt. Wir sind höher zu unserem rechtmäßigen Platz als Söhne und Töchter Gottes aufgestiegen und sind nicht länger Opfer des Massendenkens und blind, unsere eigene Identität zu sehen. Wir haben die Herrschaft über ‚die beunruhigenden Affen' in unserem Leben erworben und sind besser auf ‚die Drachen' vorbereitet, falls sie auftauchen sollten.

Nach Jahren der Beschäftigung mit menschlichem Leiden in der einen oder anderen Form, habe ich gelernt, dieses Phänomen nicht länger als tatsächlichen Fakt der Existenz, sondern mehr als einen nicht eingeladenen Besucher zu sehen. Ich habe gelernt, alle Unterbrechungen des Lebens als etwas außerhalb von uns zu behandeln; d. h. als etwas, das versucht, uns zu *tyrannisieren*, uns in *seine* Anwesenheit zu zwingen oder *seine* Macht über uns zu bestätigen. Ich sehe es als etwas, das uns dazu verführt, uns in einen Zustand der Abhängigkeit von den Umständen zu bringen. Dies kann nur passieren, wenn wir es erlauben. Und wir erlauben es umso öfter, wenn uns unser Verständnis darüber fehlt, *wer* wir sind und *warum* wir hier sind. Es war nie beabsichtigt, dass wir in Ablehnung von irgendetwas leben müssen.

Unsere enthüllte, wahre Identität

Es gibt in dieser Erfahrung, die wir Leben nennen, viele verschiedene Stadien von Bewusstsein. Denken Sie an die verschiedenen Schichten der Atmosphäre, die die Erde umgeben. Wir werden immer höher und höher getragen, von einer zur anderen und so weiter. Jeder erreichte Stand repräsentiert einen klareren Blick auf das Leben, während wir uns weiter nach oben und tiefer in das Herz des Lebens selbst bewegen. So wie unser Verständnis klarer wird und unsere Vorstellungen sich ändern, so tun das auch unsere Erwartungen und demzufolge auch unsere Erfahrungen. Jede neue Offenbarung ist oft von einer Art menschlichem Kampf begleitet, da wir unbewusst etwas Altes loslassen, um das Neue aufzunehmen. Wenn wir diesen Prozess verstehen, dann werden wir keine Angst vor den Ereignissen haben, die diesen Kampf verursachen. Mit dem Bewusstsein darüber können wir einfach lächeln, weiter gehen und erkennen, dass eine Veränderung unserer Vorstellung stattfindet und dass sich trotz aller Angst niemals etwas für uns ändert. Wir können beruhigt sein, dass es sich auch nie ändern wird, solange wir uns weigern, dieser Angst Macht zu geben. Wenn wir wissen, dass wir immer noch die *Entfaltung des ‚göttlichen Lebens'* sind, das sich selbst entfaltet, sich selbst ausdrückt und sich selbst erklärt, erwachen wir mit jedem Schritt. Die Ereignisse, die nach unserer Aufmerksamkeit schreien, sind nicht das, was sie zu sein scheinen.

Wir entscheiden uns, auf den Pfad vor uns zu schauen und wandern weiter, wohl wissend, dass der ‚göttliche Geist', der durch unseren Geist blickt, das Bild korrigieren und die Ereignisse in Ordnung bringen wird.

„Eine Strasse wird es dort geben, die man Heilige Strasse nennt. Kein Löwe liegt auf der Lauer, auch andere Raubtiere gibt es dort nicht. Nur die erlösten Menschen betreten diese Strasse." (Jesaja 35)

Letztendlich werden wir eine Atmosphäre von Verständnis erlangen, in der wir nicht länger in einer feindlichen Umgebung leben, wo wir uns ständig vor den Schlägen ducken und uns mit den Ereignissen auseinandersetzen müssen. Wir werden erkennen, dass wir ein Teil des Lebens sind und dass wir in diesem Leben wandern, in ihm sprechen, lachen und lieben. Wir werden erkennen, dass ‚es' uns umgibt und uns mit allen guten Dingen segnet. Wir werden erkennen, dass jeder Vogel, der singt und jede Blume, die blüht, *für uns* ist. Wir werden das Lächeln des Lebens überall um uns herum spüren, das uns mit der durchdringenden Liebe die absolut jeden Gedanken an das Auftreten von Bösem in jeglicher Form ausschließt, umhüllt. Als Jesus sagte, dass das Königreich des Himmels in uns ist und als er erklärte, dass wir „uns von unseren alten Gedanken (in Reue) abwenden und erkennen sollen, dass das Königreich des Himmels vor uns liegt", war das keine Metapher, nicht etwas, was nur Ihm zur Verfügung stand. Dies ist die Realität, die es immer schon gab. Dies ist unser wahres Zuhause. Nichts kann uns davon abhalten, es zu betreten.

Wir leben über den Rissen und dem Durcheinander von menschlichem Schmerz und Kampf und erkennen, dass das Leben immer schon in uns präsent war, uns immer schon umgeben hat und uns immer schon geliebt hat, sogar, als wir es noch nicht wussten. Wir werden uns fern halten von Gesprächen, die das Drama von Pein wiederholen und den zähen Gedanken meiden, der sich wehrt, das Alte loszulassen. Der Autor Richard Bach beschreibt in seinem Buch *‚Die Möwe Jonathan'* passend den Prozess des Lernens, wie man sich über solche versklavende Gedanken erheben kann. Während die kleine Seemöwe kämpft und übt, lernt sie, dass sie Flügel hat, die sie höher tragen, als sie sich jemals vorstellen konnte – weit höher über den Schwarm, der nahe der Erde bleibt. Außerdem findet sie eine Existenz voller Freude durch Frieden und Güte.

So müssen wir die *Betrachter der Güte Gottes* sein. Werden Sie *Betrachter* der Beschaffenheit der Wahrheit. Werden Sie *Betrachter* dessen, was schon vor unserer Zeit da war. Werden Sie *Betrachter*, nicht Machender. Wenn wir auf irgendeinen Umstand mit einem Gefühl von Dringlichkeit reagieren und die Notwendigkeit fühlen, etwas „reparieren" zu müssen, oder wenn wir „losstürmen müssen, um etwas zu tun", dann haben wir aufgehört, *Betrachter* dessen zu sein, was sich uns gerade über unsere wahre Natur enthüllen will. Wir haben uns nicht erlaubt, hinter den Schleier der Erscheinungen in das unvorstellbare Gesicht Gottes zu schauen. Stattdessen haben wir den Tanz des Schicksals mit ‚den Affen' getanzt, die uns zwicken und uns in die Beine beißen. Wir haben den versengenden, heißen Atem ‚der Drachen' gespürt, wie sie uns umgeben, um uns zu verschlingen. Wir sind zu einem Opfer der Situation geworden. Wir haben nicht darauf gewartet, dass uns die Weisheit erscheint. Wir haben uns entschieden, kein Betrachter zu sein.

Das Gefühl von Angst oder Aufregung ist tatsächlich die Türglocke, die in unserer Seele klingelt und Einlass fordert. Es ist ein Alarm, der losgeht und uns sagt: „Warte, stopp! Was ist das für eine Stimme? Was sind das für Worte, denen ich zuhöre? Ist das die Stimme Gottes, die ununterbrochene Güte erklärt? Oder ist das die Stimme des Menschen, der verwirrt ist über seine Identität und der wieder einmal seinen Ängsten Glauben schenkt?" Dies ist der Zeitpunkt der Wahl. Dies ist der Zeitpunkt, zu wissen.

Wenn wir die Bedrohungen, die kommen, als gültig anerkennen, dann haben wir aufgehört zu erkennen, dass Gott das ‚göttliche Leben' und die Quelle allen Lebens in jedem von uns ist. Stattdessen haben wir wieder einmal geglaubt, dass unser Körper die Quelle unseres physischen Lebens ist, dass unsere Brieftasche und unser Bankkonto die Quellen unserer Sicherheit sind; dass unsere Beziehungen die Quellen unseres Glückes sind und dass unsere Karrieren und unsere Positionen unseren Selbstwert darstellen und die Stabilität unserer Zukunft bestimmen.

Wenn wir stattdessen das ‚göttliche Leben' und die unveränderliche Liebe als die Quelle unserer gesamten Existenz anerkennen, werden wir uns niemals wieder in die Erscheinung von Mangel oder der Verlust *hinein begeben*. Genau in dem Moment, wenn der Mangel oder Verlust seinen Platz und seine Macht erklärt, werden wir unsere Augen öffnen und durch das Bild hindurch sehen. Wir werden die Stimme Gottes hören, die uns seine ewige Präsenz zuflüstert. Wir werden Gott als die ungehinderte, unversperrte und unveränderliche Quelle unseres Lebens lobpreisen und wir werden diesen Platz mit der Fülle seiner Wahrheit ausgefüllt sehen. Wir werden nicht erklären, *wie* das passiert, nur dass es mit Sicherheit *geschieht*. Zu erklären, wie sich etwas auflöst, heißt, menschlichen Willen auszuüben, der immer den Fluss des Lebens unterbricht.

Lassen Sie mich für diejenigen, die sich gerade mit ‚den Drachen' in ihrem Leben konfrontiert sehen, den ersten Satz in dem bekannten *Kurs in Wundern* frei wiedergeben. Es gibt keine Rangordnung der Schwierigkeit in Gott. Die Wahrheit ist die Wahrheit. Während es wahr ist, dass einige menschliche Ängste und Glaubenssätze erschreckender und hartnäckiger sind als andere, bleiben sie doch schlicht und ergreifend das, was sie sind – menschliche Glaubenssätze. Ein Moment des Betrachtens der Realität mit den Augen Gottes, ein Moment des Hörens des kleinsten Hinweises der Wahrheit durch seine Stimme, wird zerstreuen, was immer die Erscheinung auch sein mag, unabhängig von ihrem Schwierigkeitsgrad. Das Einzige, was zählt, ist, dass wir wissen, dass sich die Quelle – die originale Blaupause – niemals ändert!

Gott spricht immer. Er erklärt und offenbart ständig die Worte, die jede menschliche Situation ausfüllt und wiederherstellt. Aber hören wir auch immer zu? Erkennen wir, dass diese gesprochenen Worte in der Tiefe unserer Seele die Antworten sind, die wir leben sollen? Wissen wir, wie entscheidend diese Worte für den Frieden und Erfolg in unserem Leben sind? Sind wir an den Punkt gekommen, wo wir lieber sprichwörtlich sterben, als uns einen Schritt nach vorne zu machen – bevor wir gehört haben, welchen Schritt wir tun sollen? Haben wir durch Übung den Mut entwickelt, sozusagen die Bremse zu ziehen und zu warten? Sind wir an dem Punkt angekommen, wo wir uns darauf verlassen, Gottes Wort der Führung zu hören, so sicher, wie wir uns auf unseren nächsten Atemzug verlassen? Oder hängen wir immer noch an menschlichen Lösungen, die oft eher Fesseln als Lösungen darstellen? Halten wir inne, damit die Bilder des Lebens unseren Geist erfüllen, die die Vorstellungen von Krankheit, Tod und Verhängnis ersetzen? All das wird stattfinden, wenn wir uns bewusst dazu entscheiden.

Wir müssen lernen zuzuhören. Wir lassen „den Fluss des Lebens" nicht nur „fließen", indem wir uns ununterbrochen auf die Liebe und Gnade konzentrieren, was entscheidend ist, sondern auch, indem wir in jedem Moment lernen, zuzuhören. In seinem Buch *Der Donner der Stille* beschreibt Joel Goldsmith die Stimme Gottes so, dass Sie durch die Stille unserer Seele brüllt. Francis Schaeffer hat ein Buch mit dem Titel ‚*Er ist da und er ist nicht still'* geschrieben. Die Worte füllen den ganzen Raum. Sie füllen jeden Geist und sprechen zu jedem Herzen jeden Moment an jedem Tag. „Und ihre Ohren sollen die Worte hinter ihnen sagen hören: Das ist der Weg, gehe auf ihm". (Jesaja)

Heute werde ich ein Beobachter sein. Ich werde hinter den Schleier der Ereignisse sehen und die Wunder des Lebens betrachten. Heute werde ich zuhören, Ich werde hören und wissen. Heute werde ich die Ganzheit und Vollkommenheit betrachten, die ich bin. Heute werde ich ein Betrachter sein.

KAPITEL ZWEIUNDZWANZIG

UNSER EIGENER HEILER SEIN

Leben kann gelebt werden, wenn wir allein von Gott abhängig sind. Er wird uns leiten. Er wird uns führen. Er wird uns den Weg weisen. Er wird uns nie verlassen. Er wird uns nicht im Stich lassen. Er wird uns das Verstehen verleihen, das für jede und für alle Heilungen notwendig ist. Er füllt allen Raum aus und kennt kein Vakuum. Jetzt in diesem Moment gehen, sprechen und leben wir in diesem Raum, der sich Gott nennt. Er ist uns so nah wie unser Atem. Das Leben sollte in einer totalen Abhängigkeit von der Beziehung zu unserem Schöpfer gelebt werden. Wenn dem so ist, leben wir in vollkommener Harmonie. Gesundheit, Ganzheit und Frieden werden täglich mit uns sein. Wir werden uns nicht fürchten, auch dann nicht, wenn die Angst sich zeigt, um unsere Aufmerksamkeit auf sich zu lenken. Dies ist unser Erbe. So war es vorgesehen. Heilung ist auch jetzt innerhalb unserer Reichweite. In der Stille unserer Seele kennen wir den Weg. Wir müssen uns nicht abkämpfen und in äußeren Quellen nach Hilfe und Erlösung suchen. Diese sind bestenfalls zeitlich begrenzt und sind manchmal zerstörerischer als das ursprüngliche Problem selbst. Unsere Heilung liegt in den Tiefen eines jeden von uns. Menschliches Sich - Abmühen ist der Feind des vollkommenen Friedens. Es beweist, dass wir Gott, der unser Leben ist, nicht kennen.

Wir müssen unseren Blick vom Körper abwenden, da der Körper eine Reflektion des Zustandes der Seele darstellt. Unsere Beschwerden sind niemals das Problem oder die Ursache, jedoch immer das Ergebnis. Die Beschwerden und den körperlichen Zustand alleine zu behandeln, ist, wie wenn wir kranke Äste von einem Baum abschneiden. Zuerst diesen Ast, dann einen anderen und einen weiteren, jedoch ohne uns mit der Grundursache auseinandergesetzt zu haben. Wir müssen uns von den Beschwerden abwenden, denn sie sind nur wie eine Leinwand aus Rauch.

Unser Leben ist wie ein Garten und der Garten ist unsere Seele. Wir müssen auf unsere Seele blicken. Dort werden wir die Heilung finden, nach der wir so sehr verlangen. Wir müssen uns so um unsere Seele kümmern, wie wir uns um einen geliebten Garten kümmern würden. Wir sollten sie mit großer Liebe und Aufmerksamkeit beobachten, die Gedanken und die täglichen Konflikte ausjäten, damit sie unser Leben nicht überwuchern. In der Stille unserer Seele müssen wir den Frieden zulassen. Wenn Frieden unser Wesen ausfüllt, ist Heilung nicht zu verhindern und geschieht oftmals sofort. Unsere Körper sind die Spiegel der Zustände unserer Seelen. In absoluter Stille bemerken wir, wie der Frieden durch unser Wesen fließt und jedem Teil in uns Leben bringt.

Die einzige Schwierigkeit ist, diesen Platz der Stille zu erreichen. Die Welt drängt sich unserer Aufmerksamkeit auf. Unser Körper verlangt nach Aufmerksamkeit. Gegen diese Störungen brauchen wir uns nicht zu wehren, jedoch sollten wir auch nicht an ihnen festhalten. Wir müssen lernen, von ihnen weg zu sehen, auch wenn sie sehr hartnäckig zu sein scheinen. Genießen Sie die Zeiten des Alleinseins. Widerstehen Sie der Versuchung, den Raum mit sinnlosem Nichts zu füllen. Wir brauchen keine ständige Unterhaltung und müssen nicht jeden Moment mit Aktivitäten füllen. Alleinsein muss nicht gefürchtet werden, denn es ist unser Geschenk von Gott. Es ist der Geist und die Quelle allen Lebens, der an die Tür unserer Seele klopft und sagt: „Komm, bleibe für einen Moment bei mir und finde hier den Frieden, die Stärke und die Ganzheit, die ich dir zu geben habe." Es ist der Weg zu vollkommenem Frieden und somit zur vollkommenen Wiederherstellung. Unsere Heilung mag in einem Moment der Stille geschehen. Es kann jedoch auch sein, dass viele Momente der Stille und der Kontemplation benötigt werden, um ans Ziel zu gelangen. Lernen Sie, diese Zeiten wertzuschätzen. Dies sind die Zeiten, in denen wir eine tiefe, dauerhafte und ewige Beziehung mit der Quelle allen Friedens und damit mit der Quelle aller Ganzheit entwickeln. Hier werden die Barrieren entfernt. Hier fließt der Strom des Lebens und heilt alles, was er berührt. Wie alles andere, das wir verfolgen, werden wir unser Leben dann finden, wenn wir dauerhaft in dieser Bemühung bleiben und wenn dies zur wichtigsten Suche unseres Lebens wird.

Bewahre dein Herz mit aller Hingabe,
aus ihm entwachsen
die Angelegenheiten des Lebens.

Weiter Bücher des RiWei - Verlags

Richard Weigerstorfer *Qi – Gong Kugeln*

Dieses Buch erklärt nicht nur was Qi-Gong ist, sondern enthält viele Übungen zum äußeren, feinstofflichen und inneren Qi-Gong.

Richard Weigerstorfer *Bio-Wippen*

In diesem Buch werden viele medizinische, physiologische und psychologische Wirkungen vom Zimmertrampolin und Bio-Wipp-Gerät beschrieben. Im Anschluss finden sich die unterschiedlichsten Übungen und wertvolle Trainingsprogramme.

Chales-de Beaulieu *Wunder Wirbelsäule*

Chales-de Beaulieu, der auf eine 36jährige Erfahrung als Heilpraktiker zurückblicken kann, sieht den Menschen als einheitliches und allumfassendes Gesundheitssystem. Durch gezielte Übungen für die Wirbelsäule, die in diesem Buch detailliert beschrieben werden, können sowohl die körperliche Haltung, als auch die Einstellung zum Leben verbessert werden.

Chales-de Beaulieu *Wanderer zwischen zwei Welten*

Eine autobiografische Abhandlung, in der Chales-de Beaulieu über seinen esoterischen Werdegang und über seine Fähigkeit berichtet, den Körper zu verlassen und zwischen dem Dies- und dem Jenseits zu wandeln. Seine Erlebnisse und Erfahrungen sind in diesem Buch zusammengefasst.

Chales-de Beaulieu *Der vergessene Schritt*

Ein sachlich gehaltenes Arbeitsbuch, das mit gut verständlichen Erklärungen und einfachen Übungen eine Anleitung zur Reinigung von Körper und Seele darstellt, den Leser in der Vorbereitung zu einem esoterischen Leben anleitet und uns zwei Methoden, den Körper zu verlassen und im astralen Bereich zu wandern, lehrt.

Die Fortsetzung von dem Buch,
dass Sie eben gelesen haben;
Auch im RiWei-Verlag erschienen:

Lena Lieblich meint dazu: „Das Buch der Himmel in dir, ist nur ein kleiner Vorgeschmack auf das, was im zweiten Band noch alles kommt. Das Buch „Der Gott, den wir geschaffen haben“, gehört zu den wertvollsten Büchern, die ich gelesen habe.“

ISBN 978-3-89758-318-4

SA-318 Preis: 19,80 EUR